Beltz Taschenbuch 618

W0236397

Über das Buch:
Mit professionellen Texten überzeugen, das sollte jeder, der viel zu schreiben hat. Denn schlecht formulierte Briefe oder Berichte haben Folgen: Die Botschaft kommt nicht an. Es geht auch anders: Mit einfachen Tipps und Tricks zeigt Ihnen Axel Schlote, wie Sie Ihre Leserinnen und Leser zielsicher ansprechen können. Interessante, lebendige und verständliche Texte sind keine Hexerei. Denn Schreiben ist Handwerk. Mit diesem Ratgeber lernen Sie in kurzer Zeit, wie Sie ansprechende Texte schreiben. Das Buch ist übersichtlich strukturiert und Schlotes lockerer Schreibstil führt sicher durch das Thema. Die vielen Beispiele und Übungen erleichtern das Umsetzen in die Praxis.

Über den Autor:
Dr. Axel Schlote, Jg. 1968, ist als promovierter Diplom-Sozialwirt in der Hauptsache als Redakteur und Autor tätig. Er bietet auch Schreibseminare und Textberatung an.

Axel Schlote

Treffsicher texten

Briefe, Reden und andere Texte
lebendig und stilvoll formulieren

BELTZ
Taschenbuch

Für Oskar, der mich gern vom Schreiben abhält.

2. Auflage 2007
© 2004 Beltz Verlag · Weinheim und Basel
www.beltz.de
Satz: Druckhaus »Thomas Müntzer«, Bad Langensalza
Druck: Druck Partner Rübelmann, Hemsbach
Umschlaggestaltung: glas ag, Seeheim-Jugenheim
Umschlagfoto: zefa visual media gmbh, Düsseldorf
Printed in Germany

ISBN 978-3-407-22618-1

Inhaltsverzeichnis

Vorwort

Wer viel zu sagen hat, hat oft auch viel zu schreiben. Aber wie? Manche reden wie gedruckt – und schreiben wie ein Oberamtsrat. Es geht auch anders. »Treffsicher texten« sollte jeder, der beruflich viel zu schreiben hat: Egal, ob es sich dabei um Briefe oder Pressemitteilungen, Redemanuskripte, Angebote oder Berichte für die Mitarbeiterzeitung handelt.

Texte machen Eindruck, so oder so. Blähwörter, bürokratische Floskeln und Schachtelsätze verwirren den Leser. Dann ist die Chance vertan: die Chance, den Leser anzusprechen und einen freundlichen, sympathischen Eindruck zu machen. Das muss nicht sein. Interessante und lebendige, freundliche und verständliche Texte sind keine Hexerei.

Schreiben ist Handwerk – und ein kleines bisschen Psychologie. Schreiben macht Spaß. Und Schreiben ist leicht, wenn man die Grundlagen kennt. In diesem Buch zeige ich Ihnen die wichtigsten Kniffe, um gute Texte zu schreiben. Mit vielen Beispielen und Übungen: »Treffsicher texten« kann jeder – behaupte ich. Dafür ist keine jahrelange Ausbildung notwendig.

Auch mit jahrelanger Übung ist allerdings niemand perfekt. Deshalb braucht man Menschen, die korrigieren, ermutigen, anspornen: Davon habe ich profitiert.

- Ich danke meiner Lektorin Ingeborg Sachsenmeier vom Beltz Verlag für Ihre Hinweise und Anregungen. Dieses ist nicht das erste gemeinsame Buch. Es hat wieder Spaß gemacht.
- Ich danke den Menschen, die mir beigebracht haben, wie man gut schreibt: als Redakteure, Kollegen oder Trainer. Besonders danke ich Dr. Norbert Franck.

- Ich danke den Menschen, von denen ich gelernt habe, dass man von mir lernen kann, allen voran Dr. Heinz Dühring.
- Ich danke meiner Frau Gina Schlote für sehr viel – auch für ihre Hinweise, wenn sie mich dabei ertappt, dass ich beim Formulieren gegen meine eigenen Regeln verstoße.

Ich wünsche allen Schreibern viel Spaß beim Lesen – und allen Lesern viel Spaß beim Schreiben!

Esens/Thunum, im Sommer 2004   *Axel Schlote*

Einleitung: Aller Anfang ist leicht

Am Anfang sind wir alle Anfänger. Nur beim Schreiben nicht. Denn wir haben Lesen und Schreiben in der Schule gelernt. Und seit Jahren schreiben wir täglich Texte: Briefe, Notizen, Berichte. Doch jetzt möchten Sie Ihren Stil verändern und weiterentwickeln: freundlicher, verständlicher und interessanter schreiben. Damit stehen Sie nun am Anfang.

Vielleicht stutzen Sie jetzt, wenn ich schreibe: Dieser Anfang ist leicht, wenn Sie kein Journalist sind, wenn Sie bislang nicht täglich professionelle Texte geschrieben haben. Dann haben Sie einen Vorteil: Sie müssen nicht den Anspruch haben, jetzt schon gute Texte perfekt zu schreiben. Sie dürfen sich selbst kritisieren; und Sie dürfen etwas dazulernen.

Was Sie mitbringen müssen, wenn Sie es sich leicht machen wollen

Treffsicher texten lässt sich am besten lernen, wenn Sie unbefangen darangehen, Ihren Stil zu verändern. Das macht den Anfang leicht. Oder genauer: Aller Anfang kann leicht sein. Denn Sie brauchen etwas, das Sie mitbringen müssen: Offenheit für Veränderungen bei etwas, das Sie eigentlich schon in der Schule gelernt haben.

Ein ehemaliger Kollege von mir hatte diese Offenheit. Als Jurist hatte er 25 Jahre lang in verschiedenen Fachabteilungen eines Ministeriums gearbeitet. Er musste in dieser Zeit viele Texte verfassen: Vermerke, Verfügungen, Berichte – für andere Ministerialbeamte. Mein Kollege war Mitte 50, als er in die Pressestelle kam. Seine ersten Pressemitteilungen und Redemanuskripte schrieb er, wie er 25 Jahre lang geschrieben hatte: gewissenhaft und korrekt, aber kompliziert, steif und abstrakt. Wenn er allerdings erzählte, redete er locker und lebendig. Aber sobald er am Computer saß, schrieb wieder der Ministerialbeamte. Ich gab ihm den Tipp: Schreib, wie du sprichst. Wir besprachen den Satzbau, die Wortwahl, den Umgang mit Phrasen und Sprichwörtern. Nach einigen Wochen schrieb er lebendig und verständlich. Heute ist er ein anerkannter Schreiber.

Wer offen ist, kann treffsicher texten. Es ist nie zu spät, damit anzufangen.

Ich habe auch von diesem Kollegen gelernt. Erstens: Es ist nie zu spät, mit guten Texten anzufangen. Mein Kollege war Mitte 50, als er begann, regelmäßig und professionell Texte für die Öffentlichkeit zu schreiben. Zweitens: Wer offen ist, kann die wichtigsten Grundsätze für gute Texte leicht und schnell erlernen.

Vielleicht sind Sie in einer ähnlichen Situation wie mein Kollege. Wie andere auch, die im Beruf vor einer neuen Aufgabe stehen: Sie wechseln in eine neue Abteilung, in der sie die Korrespondenz mit Kunden betreuen. Oder Sie übernehmen die Presse- und Öffentlichkeitsarbeit ihres Unternehmens. Vielleicht haben Sie sich selbstständig gemacht und müssen nun mit Briefen und Werbetexten im Internet um Kunden werben. Es gibt viele Aufgaben, bei denen ein guter Stil die Arbeit erleichtert, erfolgreicher und effizienter macht.

Vor den praktischen Tipps gebe ich Ihnen in den ersten zwei Kapiteln einige Hinweise, die meiner Erfahrung nach wichtig sind. Denn Schreiben ist nicht nur Handwerk, sondern auch ein bisschen Psychologie: Wer gut schreiben will, muss etwas von den Erwartungen der Leser verstehen.

Von Tagebüchern und Einkaufszetteln abgesehen: Wer schreibt, ist nie allein. Ein Schreiber ist vom Urteil seiner Leser abhängig – und auch von den Kommentaren seiner Vorgesetzten und Kollegen. Wenn man versteht, wer was warum sagt, kann man mit Einwänden einfacher umgehen. Hierzu finden Sie einige Hinweise im vorletzten Kapitel: Argumentationshilfen, warum es lohnt, gut zu schreiben – und welche Vorbehalte dagegen in der Praxis trotzdem immer wieder zu hören sind.

Man muss gut schreiben wollen

Eine banale, aber wichtige Vorbemerkung: Wer schreibt, und meint, dass er gut schreibt, kann nichts verändern. Wer gut schreibt, muss auch nichts verändern. Aber wer umständlich und abstrakt schreibt und daran etwas ändern will, muss bereit sein, dazuzulernen – und seinen Schreibstil verändern. Anders ausgedrückt: Er muss selbstkritisch sein und gut schreiben wollen. Er muss offen sein, Regeln infrage zu stellen, die vor langer Zeit gelernt wurden.

Schreiben ist ein sensibles Thema. Lesen und Schreiben gelten bei uns als Fähigkeiten, die jeder in der Schule gelernt hat. Viele Menschen, die Grammatik und Rechtschreibung beherrschen, meinen deshalb, dass sie gut formulieren. Wenn man sie darauf hinweist, dass ihre Texte schwer verständlich, leblos oder langweilig sind, dann sind sie gekränkt. Das ist verständlich. Häufig reagieren sie mit der Frage:»Wollen Sie behaupten, dass ich nicht schreiben kann?« Nein, will ich nicht.

Ich behaupte nur: Viele Menschen schreiben mit einem Stil, den sie verbessern könnten. Ich kann eine Steuererklärung ausfüllen, weil ich lesen und schreiben kann. Wenn ich es allerdings selbst mache, ohne mich damit zu beschäftigen, was ich von der Steuer absetzen kann, handle ich kurzsichtig. Wer seinen Schreibstil verändern möchte, ist professionell. Er bildet sich weiter, damit andere seine Texte lesen und besser verstehen.

Treffsicher texten ist einfach

Nicht jeder hat ausführlich gelernt, gute Texte zu schreiben. Und kaum einer hat Zeit, eine publizistische Ausbildung nachzuholen. Das ist auch nicht nötig. Schreiben ist Handwerk, keine Hexerei und keine geniale Begabung. Dieses Handwerk lässt sich verhältnismäßig schnell lernen; der Rest ist Übung und Praxis. Schreiben kann sogar Spaß machen. Und Schreiben ist leicht, wenn man die Grundregeln kennt und beherrscht. Dafür ist es nie zu spät. Worauf es ankommt, ist: wie man treffende Wörter wählt, Sätze übersichtlich aufbaut, Phrasen vermeidet und immer den Empfänger im Blick behält.

Mit Grundregeln, Übung und Selbstkritik wird man Profi

Den Führerschein kann man in der Ferienfahrschule in zwei Wochen machen. Und wer gerade seinen Führerschein gemacht hat, kennt die Verkehrsregeln meistens besser als jemand, der seit 30 Jahren hinter dem Steuer sitzt. Aber wer dann zum ersten Mal ohne Fahrlehrer fahren darf, ist nicht unbedingt ein guter Fahrer. Mit dem Schreiben verhält es sich ähnlich: Übung und tägliche Praxis machen einen guten Schreiber, nachdem er die Grundregeln gelernt hat. Es dauert eine Weile, bis man diese verinnerlicht hat. Auch dann gilt: Vorsicht vor dem alten Trott. Deshalb ist nach der Grundausbildung nicht nur tägliche Übung wichtig, sondern auch eine regelmäßige Selbstkritik. Die Checkliste am Ende des Buches können Sie dafür als Gedankenstütze nutzen.

Jeder kann lernen, wie man treffsicher textet. Und dann heißt es: üben, üben, üben.

Die Grundregeln für gutes Schreiben gelten für fast alle Texte. Außer Beipackzetteln habe ich vom Grußwort über Briefe bis zum Buch fast alles geschrieben. Das heißt nicht, dass Sie in Zukunft ein Märchen genauso schreiben sollen wie Briefe an das Finanzamt oder umgekehrt. Das heißt vielmehr, dass ein guter Schreiber sich für jeden Text überlegt, was und für wen er schreibt. Danach entscheidet er, welche Wörter angemessen oder wie die Sätze aufzubauen sind. Ein guter Schreiber darf auch gegen die Grundregeln verstoßen. Allerdings sollte er wissen, dass er es tut und warum.

Was Sie in diesem Buch nicht erfahren

Sie werden in diesem Buch erfahren, wie Sie verständliche, freundliche, anschauliche Texte schreiben. Einige andere Dinge werden Sie hier jedoch nicht finden – weil das Buch zu kurz ist, weil ich nichts davon verstehe und weil es nicht dazugehört:

- Meine Empfehlungen gelten nicht für Schriftsätze an ein Gericht. Diese können scheußlich formuliert sein. Entscheidend ist, dass sie rechtlich einwandfrei sind.

- Sie werden von mir nicht erfahren, was Sie schreiben sollen: Sie sind der Experte für den Inhalt Ihrer Texte.
- Die ansprechende Formatierung und Gestaltung von Texten ist Aufgabe von Grafikern. Nur eine Anmerkung: Professionelle Gestaltung ist wichtig – mehr oder weniger, je nach Anlass. Die hübscheste Verpackung hilft aber nicht, wenn die Botschaft nicht ankommt. Achten Sie darauf, dass die Texte ansprechen, erst recht, wenn die optische Gestaltung teuer ist. Sonst ist die Chance vertan, den Leser zu erreichen.
- Für Grammatik und Rechtschreibung gibt es entsprechende Nachschlagewerke.

Man muss kein Germanist, kein Experte für Akkusativ, Plusquamperfekt oder die neue Rechtschreibung sein. Wenn ich ahne, dass ein Satz grammatikalisch falsch sein könnte, dann versuche ich, diese Klippe zu umgehen. Im Zweifelsfall suche ich andere Formulierungen. Ich kann dies nur empfehlen.

Ein Beispiel: Steht der LKW auf dem Gelände des Autohauses Meyer oder auf dem Gelände vom Autohaus Meyer? Ehrlich: Ich weiß es nicht genau. Beides klingt nicht schön. Keine Weltliteratur, aber einfacher ist der Satz: Der LKW steht beim Autohaus Meyer. Ein Tipp: Neben dem Genitiv ist der Konjunktiv eine Falle – und produziert oft falsche oder gequält-richtige Formulierungen.

Grundsätzlich gilt: Gute Texte sind korrekt. Das heißt, dass der Inhalt stimmt. Dafür sind Sie verantwortlich. Auch Grammatik und Rechtschreibung sollten korrekt sein. Das kann man nachschlagen. Mit den meisten Textverarbeitungsprogrammen kann man zudem überprüfen, ob die Rechtschreibung stimmt. Fehler sind menschlich und lassen sich nie vermeiden. Ein Fehler ist verzeihlich. Viele Fehler sind ärgerlich. Das muss nicht sein. Lesen Sie alle Texte Korrektur. Zu viele Fehler signalisieren dem Leser: Ich bin schludrig. Ich mache mir keine Mühe für Sie.

Gute Texte sind korrekt. Aber korrekte Texte sind nicht immer gut.

Allerdings sind korrekte Texte nicht immer gut. Viele Texte sind sicher korrekt, aber für den Leser oft schwer zugänglich: hölzern, abstrakt, langweilig, schwer zu verstehen, unfreundlich. Das lässt sich ändern.

Viele Menschen urteilen allerdings gerne danach, ob alles richtig ist. Dann müssen Sie mit Kommentaren rechnen wie: »Das stimmt nicht« oder »Hier fehlt ein Komma«. Solche Bemerkungen sagen jedoch nichts aus über die Qualität eines Textes.

Fehler entdecken auch Experten, Kollegen oder Vorgesetzte, wenn sie etwas vom Inhalt oder von Grammatik und Rechtschreibung verstehen. Lassen Sie sich von Hinweisen auf Fehler nicht beirren. Aber sorgen Sie dafür, dass Ihre Texte nur wenige Angriffspunkte für formale Kritik bieten.

Der Inhalt muss also stimmen. Dafür sind Sie als Autor verantwortlich. Und der Text sollte fehlerfrei sein. Das können Sie in Zweifelsfällen prüfen. Richtige, korrekte Texte sind allerdings nur eine Voraussetzung, um gut zu schreiben. Denn ob ein Text gut oder schlecht ist, hängt weniger davon ab, ob er falsch oder richtig ist. Um die Qualität eines Textes zu bewerten, sind Maßstäbe sinnvoll, die sich am Ziel orientieren. Ich beurteile Texte danach, ob sie

- interessant oder langweilig,
- lebendig oder steif,
- ansprechend oder abschreckend,
- verständlich oder unverständlich,
- übersichtlich oder verwirrend sind.

Dafür gibt es klare Kriterien, nach denen Sie Texte untersuchen können. Diese Merkmale schlechter Texte sind auch Fehler: nicht so streng definiert wie Rechtschreibung und Grammatik, aber dennoch meistens eindeutig. An diesen Merkmalen können Sie ansetzen, wenn Sie eigene und fremde Texte überarbeiten wollen.

Die zweite Botschaft: Wie Texte ankommen

»Man kann nicht nicht kommunizieren« – das ist eine sprachlich schlechte, gleichwohl wichtige Grundregel der Kommunikationswissenschaft. Einfach ausgedrückt bedeutet sie: Auch wer nichts sagt, sagt damit etwas: Nämlich, dass er nichts sagen will oder kann. Vorausgesetzt, von ihm wird erwartet, dass er etwas sagt.

Wenn Sie aber etwas sagen, dann haben Sie ein anderes Dilemma. Jeder Text hat eine doppelte Botschaft. Das gilt auch, wenn Sie schreiben. Die erste Botschaft ist der Inhalt: Sie informieren, fordern auf, bitten oder werben. Daneben hat jeder Text eine zweite Botschaft. Der Stil kann den Leser positiv ansprechen. Ein Autor erreicht sein Ziel, wenn die zweite Botschaft lautet:

- Ich möchte Sie für meine Information interessieren – wenn Sie lebendig und anschaulich schreiben.
- Ich möchte, dass Sie mich verstehen – wenn Sie klare Begriffe wählen, Unbekanntes erläutern und Sätze einfach strukturieren.
- Ich möchte einen guten Eindruck machen – wenn Sie sorgfältig Fehler korrigieren und freundlich schreiben.

Ein Autor kann aber auch ungewollt sein Ziel verfehlen. Das ist der Fall, wenn die zweite Botschaft an den Leser heißt:

- Ich will Ihnen imponieren – wenn Sie viele Blähwörter, Fachausdrücke und Fremdwörter verwenden.
- Ich bin schludrig – wenn Sie viele Fehler machen.
- Sie sind mir egal – wenn Sie umständlich schreiben und den Text unübersichtlich aufbauen.
- Es interessiert mich nicht, ob Sie mich verstehen – wenn Sie viele Schachtelsätze bauen und bürokratische Begriffe nehmen.

 Jeder Text hat eine zweite Botschaft. Senden Sie die Botschaft: Ich mache mir Mühe für den Leser.

Diese negativen Botschaften sollten Sie vermeiden. Und ich empfehle Ihnen, positive Botschaften zu schicken. Denn wenn die zweite Botschaft gut ankommt, kommt auch der Inhalt gut an.

Mit guten Beispielen voran

Eine positive doppelte Botschaft stimmt den Leser freundlich und weckt Sympathie für den Absender. Wie das geht, schauen wir uns im Detail später an. Ich will Ihnen an dieser Stelle mit zwei Beispielen zeigen, wofür sich die Arbeit lohnt. Die folgenden Briefe sind gut angekommen. Das erste Beispiel ist eine Terminbestätigung:

Guten Tag Herr Schulze,

abgemacht ist abgemacht: Wir kommen! Und wir bringen etwas mit. Ich freue mich darauf, unsere Vorstellungen für Ihr neues Erscheinungsbild zu präsentieren.

Wir sind pünktlich bei Ihnen
am Freitag, dem 22. August um 10.30 Uhr.

Herr Schneider, unser Grafiker, wird mich begleiten. Unser Vortrag dauert 20 Minuten. Anschließend beantworten wir Ihre Fragen. Solange Sie wollen.

Ich bin gespannt auf die Diskussion.

Beste Grüße nach München

Barbara Diekmann
Agentur CreativConcept

Der Brief beginnt mit einer Anrede, die den Empfänger persönlich anspricht, und zwar so, wie man auch sprechen würde, wenn man sich trifft. Der Einstieg ist flott, redet aber nicht lange und umständlich um das Thema herum, sondern kommt schnell zur Sache und sagt, worum es geht. Anschließend werden alle notwendigen Informationen kurz und übersichtlich für den Empfänger aufgelistet. Der Abschlusssatz ist freundlich, weckt Lust auf den Termin und signalisiert Offenheit. Auch die Grußformel ist individuell und stellt klar, dass dieser Brief nur einen Empfänger hat und kein anonymer Serienbrief ist.

Das zweite Beispiel ist ein Werbebrief an Hotels:

Ein Spar-Tipp für Ihre Gäste: Park & Ride ab Niebüll

Moin, moin,

wir haben eine interessante Neuigkeit für Ihre Gäste: Das Parken am Festland wird billiger. Ab der kommenden Saison bieten wir allen Amrum-Urlaubern einen günstigen Park & Ride-Service. In Niebüll haben wir Platz für 250 Autos. Der Transport zur Fähre ist kein Problem: Wir bringen Ihre Gäste nach Dagebüll und holen sie nach dem Urlaub wieder ab.

Der Parkplatz bei uns kostet 2 Euro pro Tag, in der Sammelgarage 4 Euro. Wer 7 Tage oder länger bleibt, zahlt nichts für den Transport zur Fähre. Das heißt: Wer 2 Wochen bei Ihnen wohnt, kann sein Auto bei uns schon für 28 Euro parken. Machen Sie den Vergleich – günstiger gibt es nicht!

Eine Bitte: Verraten Sie es Ihren Gästen.

Wir wünschen Ihnen alles Gute für die nächste Saison!

Viele Grüße nach Amrum
Autohaus Meyer

Die Betreffzeile ist als Überschrift gestaltet, die zum Lesen animiert, indem sie den Nutzen herausstellt. Die Anrede ist frech und mutig: Mit einem typischen Gruß der Region werden die Empfänger lebensnah in einer Sprache angesprochen, die sie kennen. Das schafft

Nähe. Damit lässt sich das anonyme und distanzierte »Sehr geehrte Damen und Herren« umgehen.

Mit einem kurzen Satz führt der Absender zum Thema hin und fasst das Ergebnis als Nutzen zusammen. In wenigen Sätzen wird danach das Angebot knapp, aber ausreichend beschrieben. Die Preise werden transparent und mit einem Beispiel anschaulich gemacht. Der letzte Satz ist freundlich und geht auf die Situation des Empfängers ein. Die Grußformel vermeidet Floskeln und macht den Text individuell, obwohl es ein Massenbrief ist.

Solche Briefe wirken leicht. Dahinter steckt Arbeit, die Arbeit eines Handwerkers, der mit Worten und Sätzen einen Text baut. Einige Baumaterialien haben wir jetzt kennen gelernt – und damit erste Hinweise bekommen, wie aus einer Mitteilung ein freundlicher, verständlicher und informativer Text wird.

Aus Fehlern lernen:
Ein schlechtes Beispiel

Guten Beispielen darf man folgen. Aber auch aus schlechten Beispielen lässt sich viel lernen, nämlich wie man es lieber nicht macht.

 Wer gut schreiben will, sollte viel lesen – und kritisch lesen. Mit geübtem Auge können Sie an fremden Texten erkennen, was Sie vermeiden sollten.

Ich möchte mit Ihnen nun untersuchen, was einen schlechten Text ausmacht und was Sie anders machen können. Der folgende Bericht ist erfunden und so geschrieben, dass möglichst viele Merkmale auftauchen, die einen Text schlecht machen:

Zum jetzigen Zeitpunkt sind wir nicht in der Lage, bei der Untersuchung von Veränderungen in der Entwicklung Ihrer Umsatzaussichten signifikante Tendenzen festzustellen. Bei einer beabsichtigten Steigerung Ihres Umsatzes in Höhe von zehn Prozent sollte im Bereich der Sales Promotion nichts unversucht bleiben. Wir empfehlen, geeignete Maßnahmen auszuprobieren. Wir haben als Nächstes die Absicht zur Durchführung einer Prüfung der Wirkung von Lohnnebenkostensenkungen für Ihr Unternehmen, wie sie von der Bundesregierung in Aussicht gestellt wurden. MdB Müller, der ja in dieser Frage, die Kontroversen in der Regierung, die sich nicht einig ist, ausgelöst hat, maßgeblichen Einfluss hat, hat uns dies bestätigt. Aber noch sind die Würfel ja nicht gefallen. Wer up to date sein will, muss auch mal cool bleiben.
Wir hoffen, Sie schenken unseren Vorschlägen und unserer bisher so erfolgreichen, guten Zusammenarbeit auch weiterhin Ihr Vertrauen. Bei der Inanspruchnahme unserer Beratungsleistungen stehen wir Ihnen in jedem Fall jederzeit zur Verfügung.

Die erfundene Untersuchung hätte sicherlich Mühe gemacht. Nur das Ergebnis der Untersuchung ist so geschrieben, als ob der Autor sich keine Mühe für den Leser machen wollte. Das ist der Gesamteindruck beim Lesen: die doppelte Botschaft. Eine negative doppelte Botschaft ist das erste Merkmal dieses Textes. Die anderen Merkmale dieses Textes liste ich anschließend auf und erläutere sie mit anderen Beispielen, die in vielen Texten vorkommen.

> Schlechte Texte lassen sich an typischen Merkmalen erkennen. Beim Stil kann man vieles falsch machen.

Merkmale eines schlechten Textes

- Hier heißt die negative doppelte Botschaft:»Für Sie mache ich mir keine Mühe.« Andere doppelte Botschaften, die beim Leser negativ ankommen können, sind:»Ich habe kein Interesse.«»Sie sind mir nicht wichtig.«»Es ist mir egal, ob Sie mich verstehen.«
- Umständliche Formulierung:»zum jetzigen Zeitpunkt«. Einfacher und knapper wäre: jetzt. Umständliche Formulierungen blähen einen Text unnötig auf und machen es schwer, ihn zu verstehen. Dazu gehören auch: am heutigen Tage, aus damaliger Sicht, zu einem späteren Zeitpunkt, die Absicht haben, in der Lage sein.
- Substantivierungen:»Untersuchung von Veränderungen in der Entwicklung«,»Steigerung«. Sie sind abgeleitet aus Verben: untersuchen, verändern, entwickeln, steigern. Verben sind Tätigkeitswörter: Da tut jemand etwas. In Verben ist Leben. Substantivierungen gießen Beton darüber und machen Texte steif und schwerfällig. Es gibt viele beliebte Substantivierungen: die Entfernung von Hervorhebungen, die Streichung von Zuschüssen, Berücksichtigung, Beantragung – und so weiter.
- Überflüssige Wörter:»in Höhe von«,»im Bereich der«. Eine Steigerung in Höhe von zehn Prozent ist eine Steigerung um zehn Prozent. Das ist knapper. Ähnlich wie umständliche Formulierungen blähen überflüssige Wörter einen Text unnötig auf und gaukeln eine Bedeutung vor, die die Aussage nicht hat.

Überflüssige Wörter sind – überflüssig. Das heißt, Sie können sie ersatzlos streichen. Dazu gehören auch Wendungen wie: in der Größenordnung von, auf dem Gebiet des.

- Doppelte Verneinung: »nichts unversucht bleiben«. Verneinungen erschweren das Verständnis. Und doppelt hält besser – gilt nicht für doppelte Verneinungen. »Sag niemals nie« ist ein guter Filmtitel. In zusammenhängenden, erklärenden Texten führen doppelte Verneinungen jedoch in die Irre. Wenn nichts unversucht bleibt, dann wird alles versucht. Das ist klar und eindeutig. Verwirrend sind auch: keine unzulässigen Fragen, nicht unbeabsichtigt und andere doppelte Verneinungen.

- Fremdsprache: »Sales Promotion«, »up to date«, »cool«. Niemand isst in Fett gebackene Kartoffelstäbchen, aber alle mögen Pommes frites. Weil jeder sie kennt. Sales Promotion kennt nicht jeder. Aber Verkaufsförderung versteht wenigstens jeder. Wer auf dem neuesten Stand ist, kann lässig bleiben. Man muss nicht up to date sein, um cool zu bleiben. Die meisten Begriffe aus fremden Sprachen kennt nicht jeder. Wenn aber jeder einen Text verstehen soll, sollten Sie Begriffe wählen, die jeder versteht. Ein Text wird nicht bedeutender, wenn Sie ein Abstract schreiben statt einer Kurzfassung. Es reicht, wenn Sie den Hintergrund erläutern; es muss nicht der Background sein. Planen Sie Ereignisse für Kinder statt Events für Kids. Machen Sie ruhig mal einen Witz; einen Joke versteht nicht jeder.

- Abkürzungen: »MdB«. Abkürzungen sind die Fremdsprache der Insider – der Eingeweihten. Mit Abkürzungen können Sie imponieren und verwirren. Wenn Sie verstanden werden möchten, dann vermeiden Sie Abkürzungen. Denn ein MdB ist kein Mitglied des Betriebsrates, wie der Kandidat einer Ratesendung glaubte. Ein MdB ist ein Mitglied des Bundestages: ein Bundestagsabgeordneter. Diesen Begriff verstehen die meisten. Unnötig sind auch Abkürzungen wie ÖPNV, AKW, BMVg, IHK oder VDI.

- Fach- und Fremdwörter: »signifikant«, »Kontroversen«. Auch Fach- und Fremdwörter imponieren, verwirren und beschönigen. Was bedeutend ist, wird nicht bedeutender, wenn es signifikant ist. Kontroversen sind Meinungsunterschiede – oder ein beschönigender Begriff für Streit. Fach- und Fremdwörter erschweren dem Leser, einen Text zu verstehen. Dabei muss es nicht immer Diversifikation, Blasphemie oder Prosperität sein. Kaum jemand versteht auch, was das Dritte Buch des Sozialgesetzbuchs ist.

- Übertreibungen:»in jedem Fall«,»jederzeit«. Vorsicht mit Superlativen und reißerischen Ankündigungen. Wer übertreibt, weckt Erwartungen, die er nicht halten kann. Niemand steht in jedem Fall jederzeit zur Verfügung. Es erwartet auch niemand von Ihnen. Auch andere Übertreibungen sind unglaubwürdig. Sensationell wäre es, wenn ein Sportler zehn Meter weit springt. Ansonsten ist kaum eine Nachricht sensationell. Es ist auch kein Preis unglaublich, Wahnsinn oder irre. Und wenn doch, dann sollten Sie über den Preis noch einmal nachdenken.

- Bürokratensprache:»Inanspruchnahme«.»In Anspruch nehmen« wäre auch nicht viel besser. Je nach Bedeutung ist nutzen, nehmen oder empfangen ein geeigneter Ersatz. Bürokratensprache macht Texte steif, holprig, kühl, tot. Das gilt auch für die Bereitstellung von Hilfeleistungen, Fahrtrichtungsanzeiger, Rückauflassungsvormerkung. Mein Favorit ist: fußläufige Fortbewegung auf ebenerdigem Untergrund. Die Alltagssprache ist meistens lebendiger und anschaulicher. Also blinken Sie lieber, bevor Sie den Fahrtrichtungsanzeiger betätigen.

- Oberbegriffe:»Maßnahmen«. Oberbegriffe sind die Geschwister der Bürokratensprache. Manche Begriffe sind beides. Wer die Dinge nicht beim Namen nennen will, nimmt Oberbegriffe. Sie sind abstrakt und machen Texte langweilig, farblos, leblos. Der Leser kann sich oft nichts darunter vorstellen, zum Beispiel unter Maßnahmen. Wer in unserem Beispiel Maßnahmen durchführt, der wirbt, senkt die Preise oder veranstaltet einen Tag der offenen Tür. Wenig anschaulich sind auch öffentliche Verkehrsmittel, Hausrat, Möbel, Landmaschinen oder Autozubehör.

- Begriffsschlangen:»Lohnnebenkostensenkung«. Auch Begriffsschlangen entstammen oft der Bürokratensprache: vollständige, korrekte, alles umfassende Wörter. Oft sind sie zusammengesetzt aus Oberbegriffen nach dem Motto: bloß nichts vergessen. Wer eine Lohnnebenkostensenkung betreibt, der will Beiträge zur

Kranken- und Rentenversicherung senken. Begriffsschlangen sind mit Bedeutung überfrachtet, schwer zu verstehen, steif und leblos. Das gilt auch für die Reiserücktrittskostenversicherung, Heilbehandlungskosten, Lohnersatzleistungen und andere Wortmonster.

- Spagatverben: »Vertrauen schenken«. Man kann viel schenken: Bücher, Rosen, Eintrittskarten oder Gutscheine. Wer will, kann auch Vertrauen schenken. Wer vertraut, wird jedoch besser verstanden. Spagatverben ziehen einen Sinnzusammenhang auseinander. Der Leser erfährt am Anfang eines Satzes, dass etwas geschenkt wird. Das muss er im Kopf behalten, während er sich durch andere Wörter und Aussagen vorarbeitet, bis er am Ende des Satzes endlich liest, was geschenkt wird. Dadurch wird die Satzaussage schwer verständlich, oft muss der Leser den Satz ein zweites Mal lesen. Das kann auch passieren, wenn Sie: Verwendung finden, Aufmerksamkeit geben oder andere Spagatverben nutzen.

- Phrasen: »die Würfel sind gefallen«. Sie müssen nicht würfeln, wenn Sie eine Entscheidung treffen. Sie können auf diese Phrase verzichten, wenn Sie schreiben: »Ich habe mich entschieden.« Dann weiß jeder, was Sie meinen. Phrasen versteht jeder, aber oftmals anders. Phrasen sind nebulös, hohl und senden die Botschaft: Ich habe nicht viel zu sagen. Nichts zu sagen hat auch, wer sich für den Nabel der Welt hält und mit Kanonen auf Spatzen schießt, oder wer im Dunkel der Nacht die Kuh vom Eis holt.

- Komplizierter Satzbau: »MdB Müller, der ja in dieser Frage, die Kontroversen in der Regierung, die sich nicht einig ist, ausgelöst hat, maßgeblichen Einfluss hat, hat uns dies bestätigt.«
Eine unbekannte Abzweigung im Wald macht neugierig. Mehrere Abzweigungen in einem Satz führen in die Irre. Ein Schachtelsatz wie dieser erschwert nicht nur, sondern verhindert es geradezu, einen Text zu verstehen. Wer verstanden werden will, muss Sätze klar und übersichtlich strukturieren.

 Schreiben Sie einfach immer gut: verständlich, lebendig und interessant. Wenn Sie einen guten Stil entwickeln, müssen Sie den Stil nicht wechseln.

● Stilbruch: von der »Inanspruchnahme« zu »up to date« und
»cool«. Auch ein bürokratisch-steifer Stil ist ein Stil. Der Beispieltext ist überwiegend umständlich, förmlich und aufgebläht.
Das ist nicht gut. »Up to date« und »cool« sind auch nicht gut.
Auch, weil hier ein Bruch im Stil ist. Das macht einen schlechten
Eindruck und wirft Fragen auf: Haben mehrere Autoren den
Text geschrieben? Wurde ein Textbaustein genommen und frei
ergänzt? Will sich der Autor mit der locker-jugendlichen Sprache
anbiedern? Kurz: Was soll das? Wenn Sie *einen* guten Stil entwickeln, dann müssen Sie den Stil nicht wechseln.

Besser machen: Eine erste Übung

Wenn man weiß, worauf man achten muss, kann man Texte einfach
und systematisch überarbeiten. In der linken Spalte der folgenden
Übung (s. S. 26) habe ich eine Reihe von Elementen aus dem Beispiel aufgelistet, die irritieren oder den Text steif, langweilig und
schwer verständlich machen. Daran können Sie üben, wie man es
besser formulieren kann. Decken Sie dazu am besten die rechte
Spalte mit einem Blatt ab. Sie finden dort meine Vorschläge. Es sind
Vorschläge, keine Vorschriften. Es geht nicht um falsch oder richtig.
Es geht um bessere Formulierungen als in der linken Spalte.

Weitere typische Fehler

In den Beispieltext habe ich einige Fehler noch nicht eingebaut, die
oft gemacht werden. Dazu gehören überflüssige Informationen, die
langweilen und dazu verleiten, einen Text nicht weiter zu lesen.
Überflüssig ist es, einen Text mit einer Information zu beginnen,
die der Leser ohnehin weiß. In den ersten drei Dezemberwochen beginnen viele Briefe mit der Feststellung: »Bald ist Weihnachten.« Das
ist nicht originell und erzeugt den Eindruck, dass der Autor nichts
mitzuteilen hat. Warum sollte der Empfänger weiter lesen? Schreiben Sie lieber etwas, was der Leser noch nicht weiß. Nicht originell
ist auch der Einstieg vieler Antwortbriefe: »Sie haben gefragt, ob …«

Übung: Verbesserungen

Schreiben Sie statt ...	... besser:
zum jetzigen Zeitpunkt	jetzt
in der Lage sein	können
Untersuchungen von Veränderungen	wir untersuchen, wie sich ... verändert
beabsichtigte Steigerung Ihres Umsatzes	Sie wollen Ihren Umsatz steigern
in Höhe von	um
im Bereich des	beim
nichts unversucht bleiben	alles versucht werden
Sales Promotion	Verkaufsförderung
Maßnahmen	(in diesem Fall) werben; Preise senken
Inanspruchnahme unserer Beratung	wir beraten Sie
in jedem Fall jederzeit zur Verfügung	melden Sie sich bitte, wenn Sie Fragen haben
die Absicht haben	wollen
Durchführung einer Prüfung	prüfen
Lohnnebenkostensenkung	Beiträge zur Sozialversicherung senken
in Aussicht stellen	ankündigen
noch sind die Würfel nicht gefallen	noch ist nichts entschieden
up to date	auf dem neuesten Stand; modern
cool	lässig
Vertrauen schenken	vertrauen

Der Leser weiß, was er gefragt hat. Er hat gefragt, weil er eine Antwort möchte – und auf die möchte er nicht lange warten.

Überflüssig sind auch viele Adjektive. Wer von der »Vorfreude auf den bevorstehenden Frühling« schreibt, sollte erklären können, wann es eine Vorfreude auf den zurückliegenden Frühling gab – oder »bevorstehend« streichen. Es ist schön, wenn sich jemand »auf unsere anstehende Betriebsfeier« freut. Wenn nicht dauernd gefeiert wird, ist »anstehend« allerdings überflüssig. Denn dann ist klar, dass es um die nächste Feier geht, die ansteht – wenn man der Meinung ist, dass eine Feier überhaupt anstehen kann. Unnötig ist auch: »Ich bedanke mich für das mir von Ihnen entgegengebrachte Vertrauen.« Es reicht zu schreiben: »Ich bedanke mich für Ihr Vertrauen.«

Umständlich und entbehrlich ist auch übertriebene Höflichkeit. Beliebte Floskeln sind »Ich will Ihnen gratulieren« oder »Ich möchte Sie einladen«. Der Autor teilt uns mit, was er tun möchte. Aber er tut es dann meistens nicht und der Leser wartet vergeblich darauf, dass ihm gratuliert wird, dass er eingeladen wird. Übertriebene Höflichkeit ist in diesen Fällen fehl am Platz. Gratulationen und Einladungen sind höflich. Und wir können davon ausgehen, dass niemand etwas dagegen hat. Deshalb sollte man einfach tun, was man will: »Ich gratuliere Ihnen« und »Ich lade Sie ein«. Auch ein Dank ist höflich. Dafür braucht man keine Erlaubnis. Also müssen Sie nicht schreiben: »Ich darf mich bei Ihnen bedanken.« Tun Sie es einfach: »Ich danke Ihnen.«

Um Missverständnisse zu vermeiden: Flotte, kurze Texte sind nicht immer gut. Es kommt darauf an, was man schreibt. Nach der Umstellung auf das neue Tarifsystem stand auf den Schutzhüllen der Deutschen Bahn für Fahrkarten folgender Slogan: »Früher hätte nicht einmal Einstein unsere Preise kapiert. Bald versteht sie jedes Kind.«

Der Text ist kurz, nicht steif und nicht bürokratisch. 20 Jahre früher wäre die Aussage vielleicht so formuliert worden: »In vergangenen Zeiten wäre sogar der ehemalige Friedensnobelpreisträger, Herr Prof. Dr. Albert Einstein, nicht in der Lage gewesen, Verständnis für unsere Preisgestaltungspolitik zu entwickeln. In nicht allzu ferner Zukunft wird dagegen selbst die Gesamtheit aller Minderjährigen unter zwölf Jahren zu der Erkenntnis fähig sein, welchem System unsere Fahrpreise unterliegen.«

Wenn Sie schnell und direkt zur Sache kommen, können Sie dem Leser überflüssige Informationen ersparen.

Flotte, kurze Texte sind auch nicht immer gut. Ein Autor sollte aufpassen, was er schreibt.

Der flotte, vermeintlich witzige Text hat allerdings eine zweifelhafte Botschaft. Wer ungnädig ist, kann ihn auch so verstehen: »Wir haben uns Jahrzehnte nicht darum gekümmert, dass Sie unsere Preise durchschauen. Und wenn Sie unser neues Preissystem nicht kapieren, dann sind Kinder schlauer als Sie.« Diese Botschaft war sicher nicht die Absicht.

Woran Sie einen guten Text erkennen

Sie haben in einem schnellen Überblick erfahren, was einen schlechten Text ausmacht und welche Fehler gemacht werden können. Wenn Sie diese Fehler vermeiden, sind Ihre Texte schon in jedem Fall besser. Im übernächsten Kapitel stelle ich Ihnen die einzelnen Zutaten für einen guten Text ausführlich vor.

Zunächst geht es jedoch um die Frage: Was ist eigentlich ein guter Text? An dieser Stelle gebe ich Ihnen allgemeine Hinweise: Was macht einen guten Text aus? Entscheidend ist, wie ein Text wirkt: ob er gelesen wird, ob er verstanden wird, ob die Botschaft ankommt. Der Leser hat Ansprüche an einen guten Text, auch wenn er es nicht so formuliert. Wenn wir uns in die Perspektive des Lesers versetzen, wird schnell klar, wann ein Text gut ist:

- Gute Texte befriedigen den Leser, nicht den Autor oder den Chef des Autors. Der Leser ist der Richter über einen Text. Auf sein Urteil kommt es an. Niemand sonst entscheidet darüber, ob ein Text gut ist oder nicht. Es hilft Ihnen nicht, wenn Ihnen ein Text gefällt, der beim Leser nicht ankommt. Darauf sollte ein Autor ebenfalls hinweisen, wenn er für andere einen Brief, eine Rede oder einen Bericht entwirft. Ein Text ist auch nur in dem Fall gut, wenn er den Leser oder den Hörer befriedigt.

> Ein Text ist gut, wenn er beim Leser ankommt: wenn er den Text gerne liest und versteht.

- Gute Texte sind verständlich. Wenn ein Text nicht verstanden wird, ist alles andere egal. Dann können Sie auch auf Freundlichkeit verzichten. Der Leser kann in der Regel nicht nachfragen, und er tut es meist auch nicht. Er kann nur zurückblättern und den Text ein zweites oder drittes Mal lesen. Er kann, aber er muss nicht. Besser ist es, dem Leser das Zurückblättern zu ersparen.

Wer etwas mitteilen will, muss deshalb bereit sein, Kompromisse zu machen: zwischen dem eigenen Fachwissen und Verständlichkeit.

● Gute Texte sind attraktiv. Ohne Verständlichkeit ist alles nichts. Aber Verständlichkeit ist auch nicht alles. Ein Text sollte darüber hinaus interessant und lebendig sein. Er darf sogar unterhalten, wenn der Anlass dafür nicht abwegig ist. Gute Texte machen neugierig und wecken mit jedem Satz die Lust, weiter zu lesen. Wer etwas mitteilen will, muss deshalb noch einen Kompromiss machen: zwischen dem eigenen Mitteilungsbedürfnis und dem Interesse des Lesers.

● Gute Texte sprechen den Leser an. Das gilt für alle Texte, nicht nur für Briefe, die an einen bestimmten Menschen adressiert sind. Den Leser ansprechen bedeutet: in einer Sprache schreiben, die der Leser versteht und interessant findet. Gute Texte sprechen die Sprache ihrer Zeit. Sie sind nicht altbacken, sie machen aber auch nicht jede Mode mit. Allerdings ist nicht jeder Leser gleich. Beachten Sie daher, welche Zielgruppe Sie ansprechen wollen. Das heißt nicht, dass Sie sich mit Ihren Texten anbiedern sollen, sondern: Überlegen Sie, was die Zielgruppe schon weiß und was nicht, was sie interessiert und was nicht.

● Gute Texte erzeugen Sympathie für den Autor. So wirkt die zweite Botschaft eines Textes. Dieser Anspruch verlangt zum einen: Gute Texte sprechen den Leser persönlich freundlich an, wenn es möglich ist. Das ist allerdings nur möglich, wenn der Text an einen bestimmten Menschen gerichtet ist, also insbesondere bei Briefen. Zum anderen verlangt dieser Anspruch: Gute Texte sind verständlich, anschaulich und interessant geschrieben. Ich finde einen Autor sympathisch, wenn ich seinen Text gerne lese. So geht es den meisten Lesern.

Von Johann Wolfgang von Goethe stammt ein wichtiger Hinweis für Redner: »Man muss etwas zu sagen haben, wenn man reden will.« Daraus sind drei Grundregeln für die Kunst des Redens abgeleitet worden. Sie lauten: »Man muss etwas zu sagen haben. Man muss es sagen. Man muss aufhören, wenn man es gesagt hat.«

Was grundsätzlich für das gesprochene Wort gilt, ist im übertragenen Sinn auch für das geschriebene Wort richtig. Deshalb möchte ich diese Grundregeln auf Texte anwenden. Damit lassen sich auch die Ansprüche an gute Texte in drei Grundregeln zusammenfassen. Sie lauten:

Drei Grundregeln für gute Texte   INFO

1 **Man muss etwas mitzuteilen haben!** Das ist nicht selbstverständlich. Diese erste Regel mahnt, die Bedeutsamkeit einer Information immer kritisch zu prüfen: Ist die Information für den Leser wichtig? Interessiert sie ihn? Welchen Nutzen hat er von der Information? Warum sollte er das wissen, was ich mitzuteilen habe? Vieles wird geschrieben, weil jemand es schreiben will, aber nicht, weil es für einen anderen Menschen wichtig ist.

2 **Man muss es schreiben!** Auch das ist nicht selbstverständlich. Manch einer hat durchaus etwas mitzuteilen – und behält es für sich. Weil er sich nicht traut, weil er nicht weiß, wie er es ausdrücken soll oder weil er Angst hat, der Text könnte misslingen. Vielleicht weiß er auch nicht, ob es jemanden interessiert. Diese zweite Regel sagt: Haben Sie den Mut, etwas zu schreiben, nachdem Sie kritisch geprüft haben, ob es den Leser interessiert.

3 **Man muss aufhören, wenn man es geschrieben hat!** Ausschweifende und aufgeblähte Texte sind unhöflich gegenüber dem Leser. Die Länge eines Textes ist angemessen, wenn Sie alles geschrieben haben, was Sie mitzuteilen haben. Was nicht unbedingt heißt, dass nur kurze Texte gut sind. Manchmal darf es, manchmal muss es sogar etwas mehr sein, wenn ein Text dadurch anschaulich wird. Für Autoren, die sehr knapp formulieren, heißt die dritte Regel also: Man muss erst aufhören, wenn man alles geschrieben hat.

Ich habe Ihnen jetzt drei Grundregeln für gute Texte genannt. Sicher haben Sie auch noch die eine oder andere Regel im Ohr, die Sie irgendwann gelernt haben: in der Schule, während der Ausbildung oder im Beruf. Einige dieser Regeln können Sie wieder vergessen. Sie sind verstaubt oder waren schon früher eine schlechte Empfehlung.

Ich empfehle, gegen die folgenden Regeln zu verstoßen:

- Man soll so schreiben, wie es üblich ist. Was ist 08.09.04? Ein Aktenzeichen, das Datum oder ein Lochkarten-Code? Beim 8. September 2004 wäre alles klar und weniger bürokratisch. Dinge verändern sich, auch in der Sprache. Früher schrieb man »hochachtungsvoll«, heute »mit freundlichen Grüßen«. Ich empfehle, alles zu überprüfen, was üblich ist. Und dann zu schreiben, was angemessen ist.

- Für bestimmte Dinge gibt es festgelegte Begriffe. Daran sollten Sie sich halten, wenn Sie einen juristischen Kommentar schreiben. Sonst könnte die Zielgruppe Sie missverstehen, wenn Sie Ampel statt Lichtzeichenanlage schreiben, oder Sozialabbau statt Krankenversicherungsstruktur-Änderungsgesetz. In allen anderen Fällen sind treffende, anschauliche Begriffe besser als korrekte Begriffe. Schreiben Sie also besser: schwarzer Ledersessel statt Sitzvorrichtung, reden und zuhören können statt soziale Kompetenz. Fachwörter und Bürokratensprache sind meistens verzichtbar, ohne dass eine Aussage dadurch falsch wird.

- Sätze dürfen nicht anfangen mit »und«, »denn«, »weil«. Doch, sie dürfen. Weil es lebendiger ist. Und weil Sie damit Akzente setzen können. Denn es klingt anders, wenn Sie schreiben: »Auf der Feier traf ich drei Bekannte. Und Sylvia.« Damit wird die zweite Aussage betont, anders als wenn Sie schreiben: »Auf der Feier traf ich drei Bekannte und Sylvia.«

- Man soll nicht schreiben, wie man spricht. Wer nicht verstanden wird, wenn er spricht, sollte sich an diese Regel halten. Bei den meisten ist es jedoch umgekehrt. Deshalb: Man darf schreiben, wie man spricht. Viele sollten sogar lieber schreiben, wie sie sprechen. Oder genauer: so ähnlich, wie sie sprechen. Denn es kommt natürlich darauf an, wie man spricht und wem man schreibt.

- Sätze müssen vollständig sein: mit Subjekt, Prädikat und Objekt. Sätze sollten meistens vollständig sein. Aber nicht immer. Das war kein vollständiger Satz. Dennoch haben Sie ihn verstanden. Und die Aussage ist kräftiger, als wenn ich geschrieben hätte: Aber sie müssen nicht immer vollständig sein. Unvollständige

Sätze sind ein starkes Stilmittel, um Aufmerksamkeit zu erzeugen. Im vorletzten Absatz habe ich geschrieben:»Auf der Feier traf ich drei Bekannte. Und Sylvia.« Banal hätte der Satz geklungen, wenn er vollständig gewesen wäre:»Ich traf auch Sylvia.«

> **Gute Texte verstoßen durchaus gegen verstaubte Regeln, die wir in der Schule gelernt haben.**

- Man soll sich um Wechsel im Ausdruck bemühen. Wenn dieser Tipp missverstanden wird, ist das Ergebnis ein Feuerwerk von Synonymen: sieben, acht, neun oder mehr bedeutungsähnliche Begriffe für eine Sache oder einen Menschen. Dann führt Abwechslung zur Verwirrung. Ein Wechsel von Begriffen ist ein Mittel gegen Langeweile, wenn er maßvoll und nachvollziehbar ist. Dann kann ein Text lebendiger werden.
- Ein Satz darf nicht mit »ich« anfangen. Ich meine: Dieses Gebot war, ist und bleibt unglücklich. Ein Satz darf sehr wohl mit »ich« anfangen. Mehr noch: Ein Satz muss mit »ich« anfangen, wenn der Autor schreibt, was er denkt oder was er tut. Texte dürfen, Texte sollen persönlich sein, wenn es angebracht ist. Das macht sie glaubwürdig.

Anders schreiben: Zweite Übung

Auch der folgende Text ist ausgedacht und konstruiert: korrekt, aber langweilig, steif und umständlich. Sie können diesen Text überarbeiten. Unten im Kasten finden Sie meinen Vorschlag, wie man es besser schreiben könnte. Decken Sie meinen Vorschlag wieder mit einem Blatt ab, während Sie einen neuen Text schreiben. Anschließend können Sie gerne vergleichen. Ihr Vorschlag kann selbstverständlich anders formuliert sein. Das hängt auch davon ab, welche Information Sie herausstellen wollen.

Übung: Verbesserung

Formulieren Sie folgenden Text um:

Ein männliches Wesen fand am heutigen Tage, kurz vor Schließung der Wahllokale, nachdem es den Wahlraum, der in einer Schule, die in einem Vorort von Hannover liegt, war, betreten hatte, bei den anwesenden Journalisten große Beachtung. Es handelte sich um den amtierenden Bundeskanzler der Bundesrepublik Deutschland, Herrn Gerhard Schröder, MdB, der sich in einer positiven Stimmungslage befand.

Mein Vorschlag:

Fast hätte der Bundeskanzler die Wahl verschlafen. Die Journalisten mussten lange warten, bis Gerhard Schröder endlich erschien. Um 17 Uhr 50 betrat er gut gelaunt den Wahlraum in einer Hannoveraner Schule – 10 Minuten, bevor die Wahllokale schlossen.

Erste Frage:
Wer soll das lesen?

Sicher haben Sie irgendwann einen Brief oder einen Bericht bekommen und sich gefragt: »Aber wer soll das denn lesen?« Vielleicht hat Ihnen auch schon einmal jemand diese Frage gestellt, nachdem Sie einen Text geliefert haben.

Diese Frage ist kein Kompliment und auch keine Frage. »Aber wer soll das denn lesen?« ist ein negatives Urteil. Ohne „denn" und „aber" ist es allerdings die wichtigste Frage, die sich jeder Autor bei jedem Text neu stellen muss: »Wer soll das lesen?« Auf den ersten Blick scheint die Antwort einfach: der Leser.

Manchmal ist es nur ein Leser – wie der Empfänger, wenn Sie einen Brief schreiben. Schon beim Serienbrief sind es mehrere Leser, bei einem Bericht oder einem Artikel sowieso. Im letzten Kapitel habe ich bereits einige Male über die mögliche Zielgruppe geschrieben. Die Zielgruppen eines Autors sind generell: die Menschen, die einen Text lesen sollen. Bei einem Redeentwurf sind es die Menschen, die später auf einer Veranstaltung eine Rede hören sollen.

Machen Sie sich ein Bild

Gruppen sind Teilmengen. Eine Zielgruppe ist nie das ganze Volk vom Baby bis zum Greis, sondern ein Teil davon. Wenn die Sparkasse mit einem Serienbrief ihren Privatkunden einen neuen Aktienfonds anbietet, dann hat sie eine andere Zielgruppe als die Konzertagentur, die mit einem Handzettel Jugendliche zu einem Festival einlädt. Wer über die Zielgruppe nachdenkt, hat dann schon einen wichtigen Schritt getan, bevor er den ersten Satz geschrieben hat. Denn die meisten Menschen warten nicht auf unsere Post. Sie müssen angesprochen werden, um unsere Botschaft zu lesen. Deshalb: Wer schreibt, sollte sich gut überlegen, an wen er schreibt. Mit folgenden Fragen nähern Sie sich dem Bild vom Leser:

> Ein guter Text richtet sich nur an den Leser oder die Zielgruppe, aber nicht an andere.

- Wer ist der Leser? Ein Text kann nur ansprechen, wenn der Autor weiß, welche Menschen zur Zielgruppe gehören: wie alt sind sie, wo leben sie und wie leben sie?
- Was will der Leser? Wer die Interessen der Leser kennt, kann darauf eingehen und neugierig machen. Umgekehrt: Wer weiß, was der Leser ablehnt, vermeidet Fettnäpfchen.
- Was weiß der Leser? Niemand verschwendet gerne seine Zeit damit, etwas zu lesen, was er schon weiß. Aber niemand möchte einen Text lesen, den er nicht versteht.
- Wie redet der Leser? Lehrer reden anders als Stahlarbeiter, Oberamtsräte anders als Musiker. Das heißt nicht, dass man so schreiben soll, wie der Leser spricht. Das wäre Anbiederung. Und auch unglaubwürdig. Trotzdem kann man Leser besser in einer Sprache ansprechen, die sie verstehen, wenn man weiß, wie sie reden.

Wichtig ist also eine Vorstellung vom Leser. Machen Sie sich ein Bild. Das kann man auch wörtlich nehmen: Stellen Sie sich die Empfänger bildlich vor. In meiner Ausbildung hat mir ein Radiomoderator seinen Trick verraten. Er stellt sich Fotos ans Mikrofon, auf denen Menschen abgebildet sind, die zu der Zielgruppe des Programms gehören. Wenn er moderiert, sieht er seine Zuhörer und spricht sie an, im wahren Sinn des Wortes.

Diesen Trick können Sie natürlich auf das Schreiben übertragen. Wer regelmäßig für eine bestimmte Zielgruppe schreibt, kann sich auf den Schreibtisch Fotos stellen von Menschen, die zu der Zielgruppe gehören. Es geht aber auch ohne Fotos. Bei jedem Text können Sie sich Menschen vorstellen, die Sie kennen und die zu der Zielgruppe gehören könnten: Nachbarn, Verwandte, Vereinskollegen oder Freunde. Anschließend können Sie sich überlegen, wie Sie diesen Menschen das erzählen würden, was Sie schreiben möchten. Damit wissen Sie, was und wie Sie schreiben können.

Stellen Sie sich den Leser bildlich vor. Und sprechen Sie ihn an.

Sich auf diese Weise ein Bild zu machen bedeutet auch, Geld zu sparen. Große Unternehmen können es sich leisten, vor einer Werbekampagne den Markt untersuchen und die Zielgruppen bestimmen zu lassen. Kleine Unternehmen können das nicht, wenn sie ein Angebot an zweihundert Kunden verschicken wollen. Und für einzelne Briefe lohnt sich der Aufwand gar nicht. Was sich dann lohnt ist Einfühlungsvermögen: Eine Vorstellung von den Menschen, denen man schreibt, ein Gefühl für ihre Interessen und Bedürfnisse, was sie wissen und was sie denken.

Wenn Sie wissen, für wen Sie schreiben, sollten Sie sich noch eine Frage beantworten:

● Was will ich vom Leser? Bei dieser letzten Frage ist die erste Antwort in jedem Fall gleich: Ich will, dass er meinen Text liest. Erst wenn die Hürde genommen ist, kann alles andere gelingen: dass er sich für mein Angebot interessiert, dass er sich über meine Mitteilung freut, dass er etwas weiß, was ich ihm mitteilen möchte oder dass er zu einer Veranstaltung kommt.

Der Autor sollte den Leser nicht beeindrucken wollen, sondern verständlich und interessant schreiben. Sonst versteht es der Leser nicht, und der Autor ist seine Botschaft nicht losgeworden. Entscheidend ist die innere Einstellung zum Leser. Freundlichkeit verlangt nicht in erster Linie, schöne Worte zu machen, sondern: informieren statt belehren, erklären statt drohen, sich in die Situation des Lesers versetzen statt anordnen.

Schreiben und schreiben lassen

Die wichtigste Frage hieß: Wer soll das lesen? Die klare Antwort war: der Leser. Allerdings ist diese Antwort nicht immer so eindeutig, wie sie scheint. Denn Sie geben Ihren Text selten direkt einem Menschen, der ihn lesen soll.

Meistens muss ein Text vom Autor bis zum Leser eine oder mehrere Hürden überwinden. Manchmal ist es nur die Post. Hier müssen Sie niemanden überzeugen, sondern Briefmarken kaufen. Oft lesen jedoch noch andere Menschen einen Text, bevor er beim Leser landet. Genauer heißt die Frage deshalb: Wer soll das am Schluss lesen? Also, wer ist der Empfänger? Wer gehört zur Zielgruppe des Textes? Zwischen dem Schreiben und dem Lesen tauchen dann oft mehrere Instanzen auf, die mitlesen wollen – und mitschreiben. Als Autor oder Verantwortlicher können Sie in verschiedenen Rollen und Konstellationen daran beteiligt sein, einen Text zu schreiben.

Sie schreiben selbst, weil Sie Ihr eigener Chef sind

Das ist die einfachste Form: Sie müssen nur an den Empfänger oder an die Zielgruppe denken. Wenn niemand reinredet, können Sie schreiben, was Sie wollen und wie Sie wollen. So, wie Sie es für richtig halten. Einziger Haken: In diesem Fall kann niemand den Text verbessern. Sie haben also keinen Testleser, der Sie darauf aufmerksam macht, wenn etwas umständlich oder langweilig ist. Umso mehr müssen Sie selbst darauf achten, dass der Leser den Text versteht und neugierig wird. Die Alternative ist: Sie lassen einen Verwandten oder Bekannten den Text lesen, bevor er abgeschickt oder veröffentlicht wird, und bitten um eine ehrliche Meinung, ob der Text verstanden wird und anspricht.

Sie schreiben im Auftrag einen Entwurf

Ein guter Schreiber schreibt so, dass ein Text vom Leser gerne gelesen wird. Ein kluger Auftraggeber ist auch dankbar für einen guten Entwurf und beurteilt ihn nur danach, ob seine Botschaft damit ankommt. Mit dieser Reaktion können Sie aber nicht immer rechnen, da es ein natürliches Bedürfnis von Menschen ist, ihre Vorstellungen einzubringen. Dann können Sie versuchen, Ihren Auftraggeber davon zu überzeugen, dass er von einem guten Text profitiert, weil am Ende sein Name darunter steht.

Sie überarbeiten Texte von Kollegen oder Fachleuten

Dann sind Sie der Redakteur und der erste Leser stellvertretend für die Zielgruppe. Wenn jemand freiwillig darum bittet, einen Text zu überarbeiten, wird er wahrscheinlich dankbar sein für Änderungen vom Profi. Denn Sie helfen ihm, dass seine Botschaft verstanden wird und Interesse findet. Allerdings kann es auch sein, dass jemand ein Lob vom Profi will. Dann brauchen Sie Fingerspitzengefühl und gute Argumente, um Ihren Kollegen zu überzeugen, dass er davon profitiert, wenn sein Text besser wird.

> Schreiben ist ein sensibles Thema. Nicht jeder freut sich, wenn Sie seinen Text überarbeiten.

Das kann auch der Fall sein, wenn Sie auf dem Dienstweg fremde Texte überarbeiten müssen, zum Beispiel weil Sie für die Öffentlichkeitsarbeit zuständig sind. Erklären Sie Ihren Kollegen dann, dass es Ihre Aufgabe ist, einen Fachtext verständlich und interessant zu machen. Und dass Sie damit auch den Kollegen nützen, deren Themen für mehr Menschen zugänglich werden.

Als Vorgesetzter lassen Sie Mitarbeiter Texte schreiben

Sie können sich freuen, wenn Sie Mitarbeiter haben, die gute Texte schreiben können. Dann lassen Sie ihnen am besten einen großen Spielraum. Motivieren Sie Ihre Mitarbeiter, nicht für Sie als Vorgesetzten zu schreiben, sondern für die Zielgruppe. Dann können Sie einen Textentwurf zurückhaltend überarbeiten. Wenn Sie den Text nicht als Vorgesetzter beurteilen, sondern als erster Leser, wird ein guter Schreiber Ihre Änderungen leicht akzeptieren können.

Sie lassen Ihren Text von einem Redakteur überarbeiten

Wenn Sie als Experte schreiben, erwartet niemand von Ihnen unterhaltende Werbetexte mit vielen spritzigen Ideen. Denken Sie beim Schreiben an die Zielgruppe und bemühen Sie sich, verständlich zu schreiben. Auch der Redakteur ist ein Laie in Ihrem Fach. Als Experte dürfen Sie sich freuen, wenn ein Profi den Text bearbeitet. Das ist auch in Ihrem Interesse. Denn der Schreib-Profi überarbeitet *Ihre* Botschaft, damit sie bei der Zielgruppe besser ankommt. Das ist ein professionelles Verständnis von Arbeitsteilung: Sie sind der Experte für das Thema, der Redakteur ist der Experte für eine verständliche und interessante Darstellung Ihres Themas.

Sie wollen einen Text veröffentlichen lassen

In diesem Fall haben Sie zwei Zielgruppen: die Leser, die Sie informieren wollen, und einen Vermittler, der darüber entscheidet, ob der Text veröffentlicht wird. Das klassische Beispiel ist eine Pressemitteilung. Sie wollen die Öffentlichkeit informieren, müssen aber zuerst einen Journalisten davon überzeugen, dass Ihr Thema seine Leser interessiert. Dann sollten Sie zwei Texte machen: eine gut geschriebene Pressemitteilung, die unverändert abgedruckt werden kann und einen Brief an den Redakteur, in dem Sie kurz darauf hinweisen, warum Ihr Text für seine Leser interessant ist.

Keine Zauberei:
Schreiben ist Handwerk

Man muss kein Genie und auch kein Zauberer sein, um einen Schrank zu bauen. Tischlern ist ein Handwerk. Man kann es lernen und üben. Ein Tischler braucht eine solide Ausbildung, passendes Werkzeug, geeignetes Material und eine Vorstellung, wie der Schrank aussehen soll. Damit kann er Schränke herstellen, die nützlich und schön sind und seinen Kunden gefallen.

Auch ein Bastler kann zu Hause brauchbare Schränke bauen, wenn er weiß, wie man sägt und fräst, schleift und schneidet, bohrt und schraubt, leimt und hämmert. Wer gelernt hat, wie das geht, kann dann nicht nur Schränke anfertigen, sondern auch Stühle und Tische, Betten und Kommoden.

Beim Schreiben ist es ähnlich. Man muss kein Genie sein, um gut zu schreiben. Schreiben ist auch keine Zauberei. Ich vergleiche es gerne mit einem Handwerk: Man kann es lernen. Man kann es üben. Und das Schöne ist der Unterschied: Sie müssen keine Prüfung machen. Sie können Ihre Texte nur selbst prüfen.

Schreiben ist wie Tischlern: Man kann es lernen und üben, aber alles ohne Prüfung. Nur der Leser entscheidet.

Und noch ein Unterschied: Sie erhalten keinen Meisterbrief von der Handwerkskammer. Allein der Leser entscheidet, ob ein Text gelungen ist oder nicht. Aber auch ohne Meistertitel: Sie können fast alles schreiben, wenn Sie mit dem Werkzeug umgehen können, eine Vorstellung haben, was Sie schreiben wollen und wenn Sie wissen, welches Material Sie einsetzen können.

Nichts als gute Worte

Das wichtigste Material sind die Wörter. Hier passt ein weiterer Vergleich: Wenn Sie eine Spargelsuppe machen wollen, sollten Sie keine Bohnen nehmen. Sonst wird es garantiert eine Bohnensuppe. Nehmen Sie also nichts als gute Worte, wenn Sie einen guten Text schreiben wollen. Das heißt: treffende Begriffe, unter denen der Leser sich etwas vorstellen kann, und keine steifen, aufgeblähten, bürokratischen Wörter.

Die Wörter, die Sie für einen Text nutzen, sind wie die Zutaten eines Essens, wenn Sie kochen. Nach den Wörtern schmeckt der Text: würzig oder abgestanden, saftig oder trocken. Mit anschaulichen Begriffen bringen Sie Leben in den Text, ebenso mit Verben. Wenn Sie außerdem Eigenschaftswörter sparsam einsetzen und Geheimsprache vermeiden, dann haben Sie bei den Zutaten die richtige Wortwahl getroffen.

Wörter leben lassen

Mein Lieblingsbeispiel für Bürokratensprache habe ich bereits genannt: »fußläufige Fortbewegung auf ebenerdigem Untergrund«. Diese Konstruktion ist umständlich. Das wäre Grund genug, nach alternativen Begriffen zu suchen. Denn gute Worte sind direkt und klar. Vor allem aber klingt diese Formulierung leblos, als ob ein Roboter im Takt über einen Betonboden stolziert. Was stellen Sie sich vor, wenn Sie »fußläufige Fortbewegung auf ebenerdigem Untergrund« lesen?

Bringen Sie Leben in Ihre Texte. Wenn Sie lebendige Texte schreiben wollen, dann schreiben Sie anschaulich: Was tut jemand, der sich fußläufig auf ebenerdigem Untergrund fortbewegt? Er wandert durch das Gras, geht über eine Straße, läuft durch eine Halle oder marschiert durch den Sand.

Merken Sie den Unterschied? Mit den letzten Formulierungen entsteht beim Lesen im Kopf ein Bild davon, was der Mensch tut, über den berichtet wird. Wenn Sie anschauliche Begriffe wählen, lassen Sie den Leser teilnehmen an dem, was Sie beschreiben. Sie können den Leser in den Text hineinziehen, wenn Sie Gegenstände oder Vorgänge beschreiben. Lassen Sie den Leser sehen, hören, fühlen, ja sogar schmecken und riechen, während er liest. Solche Texte machen neugierig und werden gerne gelesen.

Sie bringen Leben in Ihre Texte, wenn Sie anschaulich schreiben. Lassen Sie den Leser sehen, hören, fühlen, schmecken und riechen.

Nicht gerne lese ich Texte, die leblos nur nach Vorschriften und Pflichtbewusstsein klingen. Wie dieses Beispiel:

Zur Finanzierung der Kosten des Friedhofes erhebt die Kirchengemeinde aufgrund der genehmigten Friedhofsgebührenordnung jährliche Friedhofsunterhaltungsgebühren. Die Friedhofsgebührenordnung ist vom Kirchenvorstand der Kirchengemeinde beschlossen und vom Kirchenkreisvorstand kirchenaufsichtlich genehmigt.

Viele Menschen gehen regelmäßig auf den Friedhof, um zu trauern oder um sich an geliebte Menschen zu erinnern. Als Verwandte eines Toten sind sie bereit, Geld zu bezahlen, damit der Friedhof gepflegt wird.

Allerdings: Finanzierung, Kosten, genehmigte Ordnung, Gebühren, Vorstand und Aufsicht sind schlechte Argumente dafür. Auch viermal Friedhof und fünfmal Kirche sind einfach zu viele Wiederholungen und überzeugen nicht, Geld zu bezahlen. Nach zweimal Friedhof und zweimal Kirche weiß jeder, wer schreibt und worum es geht.

Wenn ich an einen Friedhof denke, denke ich an Gefühle und an Würde. Dieser Bescheid ist zu bürokratisch, steif und lieblos. Er klingt nicht danach, als ob ein Mensch ihn geschrieben hätte.

Sicher eignet sich eine solche Mitteilung nicht für spritzig-kurze Werbebotschaften. Trotzdem kann man sachliche Texte anders formulieren, ohne Formalitäten so stark zu betonen. Das gilt auch für diesen Bescheid. Da die Kirchengemeinde als Absender bereits im Briefkopf steht, beginnt mein Vorschlag so:

> Wir pflegen den Friedhof, damit die Toten in Würde ruhen können. Diese Arbeit kostet Geld. Als Besitzer einer Grabstelle sind Sie verpflichtet, sich an den Kosten zu beteiligen. Der jährliche Betrag hängt davon ab, wie groß das Grab ist. Einzelheiten finden Sie in der Gebührenordnung.

Dieser Vorschlag ist freundlich, weil der Text verständlich erklärt, warum und wofür der Besitzer einer Grabstelle bezahlen soll. Die neuen Formulierungen sind sachlich. Klar ist auch, dass der Empfänger zahlen muss und nicht bloß darum gebeten wird. Trotzdem wirbt die Kirchengemeinde mit diesem Brief um Verständnis dafür.

Unwichtig für den Leser ist jedoch, welche Einrichtung die Gebührenordnung beschlossen und welcher Vorstand sie als Aufsicht genehmigt hat. Wenn diese Informationen veröffentlicht werden müssen, sind sie am Anfang oder am Ende der Gebührenordnung gut aufgehoben.

Anschaulich schreiben

Gehen wir in den Garten. Sie helfen dem Leser, einen Text zu verstehen, wenn Sie so anschaulich wie möglich schreiben: Gemüse und Obst sind anschaulicher als Nahrungsmittel. Paprika und Äpfel kann sich der Leser noch besser vorstellen als Gemüse und Obst. Rote Paprika und grüne Äpfel bringen Farbe in den Text. In diesem Fall können Adjektive sinnvoll sein. Schließlich gibt es rote Äpfel, gelbe und grüne Paprika.

Anschauliche Begriffe machen es leichter, Texte zu verstehen. Denn es reicht nicht immer, dass der Leser einen Begriff kennt. Besser ist es, wenn er sich darunter etwas vorstellen kann. Farbige, bildliche Begriffe machen Texte lebendig.

Das Gegenteil erreichen Sie mit:

- **Amtsdeutsch:** Was erreicht man mit »fußläufiger Fortbewegung auf ebenerdigem Untergrund«? Mit Sicherheit kein Hotel und keine Ferienwohnung, sondern – eine Unterbringung. Dort erhält man Verpflegung – während die anderen essen und trinken. Verzichten Sie auf Amtsdeutsch. Dazu gehören auch überflüssige Erfindungen wie: diesbezüglich, obige, oben genannte, Ihrerseits.

- **Oberbegriffe:** Es ist gut, dass Menschen nicht nackt laufen müssen, wenn ihnen kalt ist. Bekleidung macht warm. Aber sie soll auch hübsch aussehen. Deshalb ziehen wir keine Bekleidung an, sondern eine Hose oder einen Rock, ein Hemd oder einen Pullover, Schuhe und eine Jacke. Oberbegriffe sind praktisch, wenn man mit einem Begriff alles erfassen will, was damit gemeint ist. Wenn der Leser aber ein Bild davon haben soll, was Sie meinen, dann müssen Sie Oberbegriffe durch konkrete Begriffe ersetzen. Je konkreter Sie schreiben, desto genauer kann sich der Leser etwas vorstellen. Oft gibt es Zwischenstufen: ein helles Pils ist konkreter als Bier, Bier ist genauer als Alkohol, und Alkohol ist nur eines von mehreren Suchtmitteln.

- **Begriffsschlangen:** Begriffsschlangen sind aus drei und mehr Begriffen zusammengesetzt. Die Bedeutung dieser Begriffe ist in eine Begriffsschlange gequetscht. Diese Schlangen beißen nicht, haben aber oft alle Nachteile von Amtsdeutsch und Oberbegriffen und noch einen Nachteil mehr: Der Leser muss sich die Bedeutung der einzelnen Begriffe merken, während er versucht, auch noch die Aussage des Satzes zu verstehen. Es gibt einige Begriffsschlangen, aus denen allein ganze Sätze gebildet werden können, weil sie mit einer Aussage verbunden sind. Deshalb: Vermeiden Sie Begriffsschlangen, lösen Sie Schlangen in mehrere Begriffe auf und machen Sie gegebenenfalls eigene Sätze daraus. Schreiben Sie statt Jahresbilanzpressekonferenz besser: Auf einer Pressekonferenz stellt das Unternehmen seine Jahresbilanz vor.

 Vermeiden Sie Amtsdeutsch, Oberbegriffe und Begriffsschlangen. Sie sind grässlich und schwer zu verstehen.

Einige Begriffe sind amtsdeutsche Oberbegriffsschlangen. Eine solche Schlange ist der öffentliche Personennahverkehr. Schreiben Sie lieber: Busse, S-Bahn, U-Bahn oder Taxis. In der folgenden Übung finden Sie noch mehr Amtsdeutsch, Oberbegriffe und Begriffsschlangen.

Übung: Verbesserungen

Wieder finden Sie meine Vorschläge auf der rechten Seite. Decken Sie die rechte Spalte ab und

schreiben Sie statt ...	... besser:
Unterbringung	Hotel; Pension; Ferienwohnung
Verpflegung	Essen und Trinken
Lichtzeichenanlage	Ampel
Ihnen wird zur Last gelegt	Sie haben ...
Postwertzeichen	Briefmarke
Lohnersatzleistungen nach SGB III	Arbeitslosengeld
Öffentliche Verkehrsmittel	Busse und Bahnen, S-Bahn, U-Bahn, Taxi
Rechtsmittelbelehrung	Ihre Rechte
Fahrtrichtungsanzeiger	Blinker
Finanzielle Mittel	Geld
Kleidungsstücke	Hose, Schuhe, Hemd, Jacke
Niederschlagsaufkommen	Schnee, Regen, Hagel
Unwetter	Sturm, Regen, Gewitter
Einrichtungsgegenstände	Tisch, Stühle, Schrank, Bett
Landmaschinen	Trecker, Mähdrescher
Gartengeräte	Schaufel, Gießkanne, Heckenschere
Körperteile	Arme, Beine, Hände, Kopf
Getränke	Wasser, Cola, Saft, Wein, Bier, Kaffee, Tee

Es gibt Begriffsschlangen, die sich durch kurze, treffende Begriffe ersetzen lassen. Dazu zählt das Telefonnummernverzeichnis: Telefonbuch reicht. Das versteht jeder. Selten lassen sich Begriffsschlangen abkürzen, indem ein Begriff gestrichen wird. Kläranlage reicht, wenn klar ist, dass es um ein Wohnhaus geht. Dann müssen Sie nicht Kleinkläranlage schreiben. Auch der Fußgängerüberweg geht manchmal kürzer: Zebrastreifen.

In den meisten Fällen geht es leider nicht so einfach. Dann gibt es nur zwei Möglichkeiten: Entweder Sie lösen die Begriffsschlange in zwei oder mehrere Teile auf – wie bei der Jahresbilanzpressekonferenz. Oder Sie erläutern, was gemeint ist. Denn oft ist nicht nur die Länge das Problem. Viele Begriffsschlangen entstammen deutschen Amtsstuben. Dazu gehört die Rückauflassungsvormerkung.

In diesen, aber auch in weniger schweren Fällen sollten Sie in klaren, verständlichen Worten erklären, was Sie meinen. Das ist besser, als die ganze Bedeutung in einer unverständlichen Begriffsschlange zu verdichten. An den folgenden Beispielen können Sie sich versuchen. Ich verzichte aus Platzgründen auf eigene Vorschläge, da eine oder zwei alternative Begriffe nicht reichen. Nur ein Beispiel:

 Schreiben Sie statt *Unfallverhütungsvorschriften* besser: Es gibt verbindliche Regeln für den Arbeitsschutz. Wer sich an diese Vorschriften hält, verhindert Unfälle.

Weitere Begriffsschlangen, die durch Erklärungen ersetzt werden sollten:

- Verkehrssicherungspflicht
- Lohnnebenkostensenkung
- Straßenverkehrsreduzierung
- Ehrenbürgerwürde
- Behindertengleichstellungsgesetz
- Schadstoffkonzentrationsmessung
- Sonderzinsangebot
- Nahrungsmittellieferant
- Wirtschaftsförderungsverein
- Reiserücktrittskostenversicherung

- Energieeinsparpotenziale
- Jahresabschlussfeiervorbereitung
- Getränkelieferservice
- Medikamentenbeipackzettel
- Kostenreduzierungsstrategie
- Grundpreissystem
- Bankeinzugsverfahren
- Friedhofsunterhaltungsgebühren
- Grundbuchanlegungsverfahren

Kurz und treffend schreiben

Oberbegriffe sind kurz, aber langweilig und nichts sagend. Dann darf es, dann sollte es sogar ein bisschen mehr sein. Aber nur dann. Ansonsten gilt: Kurze, treffende Begriffe sind besser als ausschweifende Formulierungen. Denken Sie an die dritte Grundregel: Man sollte aufhören, wenn man geschrieben hat, was man schreiben will. Manchmal sind es nur einzelne Silben, die überflüssig sind, und manchmal Wörter oder Redewendungen. Lesen Sie einen Textentwurf sorgfältig durch und überarbeiten Sie ihn. Als Faustregel gilt: Ein Text ist gut, wenn er frei ist von überflüssigen Begriffen. Das ist der Fall, wenn Sie nichts mehr streichen können.

> Nehmen Sie einfache, treffende Begriffe statt ausschweifenden Formulierungen. Ein Text ist gut, wenn er frei ist von überflüssigen Wörtern.

Wenn Sie Ihre Botschaft auf den Punkt bringen, machen Sie Punkte beim Leser. Denn dann stehlen Sie ihm keine Zeit. Minuspunkte dagegen gibt es für diese Formulierungen:

- Blähwörter: Wer unsicher ist, ob er sein Anliegen direkt mitteilen darf, weicht leicht auf Blähwörter aus. Dann wird aus einem Ziel eine Zielsetzung. Und auf Fragen gibt es keine Antwort, sondern es wird eine Beantwortung durchgeführt.
- Aufgeblähte Redewendungen: Oft ist auch Unsicherheit der Grund für aufgeblähte Redewendungen. Wer einer Vielzahl von

Menschen schreiben will, sollte aus diesem Grund in vollem Umfang auf aufgeblähte Redewendungen verzichten. Noch besser wäre: Wer vielen Menschen schreiben will, sollte deshalb ganz auf aufgeblähte Redewendungen verzichten.

● Überflüssige Wörter: Wenn wir sprechen, kommen fast automatisch Füllwörter über unsere Lippen: na ja, nun, ähm, also, tja oder gut. Nicht alle, aber viele dieser Füllwörter sollten wir in einem Text streichen, wenn wir schreiben. Trotzdem bleiben Wörter übrig, die wir auf den ersten Blick nicht als überflüssig empfinden, weil wir uns an sie gewöhnt haben. Kaum jemand wundert sich über nähere Einzelheiten – obwohl Einzelheiten das Gleiche meint, weil Einzelheiten immer näher sind. Auch Leistungen auf dem Gebiet des Sports sind nicht besser als Leistungen beim Sport. Überflüssige Wörter blähen Texte ebenfalls auf. Wer darauf verzichtet, macht Texte schlanker und eingängiger.

Grundsätzlich gilt also: Gute Texte sind kurz – so kurz wie möglich. Allerdings sollten sie auch so lang sein wie nötig. Das heißt: Ein guter Text ist angemessen lang und verständlich. Zur Erinnerung: Manchmal ist es notwendig, länger, anschaulicher oder erklärender zu schreiben. »Ich habe mir Bekleidung gekauft« ist kurz, aber nicht gut. Besser ist: »Ich habe was Schickes für mich gekauft: eine schwarze Jeanshose, ein blaues Hemd und eine Lederjacke.«

> Ein guter Text ist angemessen lang und verständlich. Manchmal muss es mehr sein: anschaulich oder erklärend.

Aktiv durch Verben

Lebendige Texte liest ein Leser gerne, und er versteht sie besser. In lebendigen Texten passiert etwas, Menschen handeln. Unsere Sprache hält dafür ein gutes Werkzeug bereit, wenn wir beschreiben wollen, was passiert oder was Menschen tun, nämlich Verben. In der Schule nannten die Lehrer solche Wörter Tu-Wörter. Zu Recht: Mit Verben erzählen wir, was jemand tut.

Übung: Verbesserungen

Schreiben Sie statt ...	... besser:
absinken	sinken
anmieten	mieten
aufessen	essen
einsparen	sparen
anfragen	fragen
Problemstellung	Problem
Hilfestellung	Hilfe
Fragestellung	Frage
Rückantwort	Antwort
Rückfrage	Frage
Systematik	System
Vorfreude	Freude
am gestrigen Tag	gestern
zum jetzigen Zeitpunkt	jetzt; heute
eine Vielzahl von	viele
in Anbetracht des	wegen
im Zusammenhang mit	beim; zum
in vollem Umfang	ganz
in ihrer Gesamtheit	alle
mit großer Sorgfalt	sorgfältig
aus diesem Grunde	deshalb; daher
mit Datum vom	am
bis zum heutigen Tage	bis heute
In der Zeit von 18 bis 20 Uhr	von 18 bis 20 Uhr
im Bereich der Aktienmärkte	auf den Aktienmärkten
auf dem Gebiet des Sports	beim Sport
im Rahmen der Feier	während der Feier
auf der Gesprächsebene	im Gespräch; wenn wir miteinander sprechen
auf Arbeitgeberseite	die Arbeitgeber

Verben bringen Farbe und Leben in unsere Texte. Obwohl sie rund ein Viertel unseres Wortschatzes ausmachen sollen, scheinen viele Menschen nach der Schulzeit zu vergessen, dass es Verben gibt. Auch in dem folgenden Beispiel sind echte Verben leider selten:

 Ich erlaube mir die Bitte um schnelle Nachlieferung der fehlenden Angaben, um eine baldige Bearbeitung Ihrer Bestellung zu ermöglichen.«

Diesen Text kann man wieder beleben. Dazu muss man eine Angewohnheit ablegen, die in vielen Texten üblich ist. Diese Angewohnheit heißt Substantivitis und bedeutet, Verben in Hauptwörter umzuwandeln. Die Hauptwörter in diesem Fall sind: Bitte, Nachlieferung, Bearbeitung, Bestellung. Ohne Substantivitis und einige überflüssige Wörter klingt der Beispielsatz so:

 Ich bitte Sie, die fehlenden Angaben bald nachzuliefern, damit wir Ihre Bestellung schnell bearbeiten können.

Substantivierungen vermeiden

Substantivierungen geben der Bedeutung von Texten ein zweifelhaftes Gewicht. Substantivierungen machen Texte trocken und schwerfällig, steif und bürokratisch. Im nächsten Beispiel wurde der Text zusätzlich aufgebläht: »Wir haben eine Terminverschiebung des o.a. Gerichtstermins beantragt.« Genügt hätte: »Wir haben beantragt, den Gerichtstermin zu verschieben.«

 Wenn Sie Verben leben lassen und Substantivierungen vermeiden, bringen Sie Farbe und Leben in Ihre Texte.

Substantivitis lässt sich leicht feststellen. Nicht immer, aber oft sind Substantivierungen zu erkennen an der typischen Endung -ung. Und Substantivitis lässt sich leicht verbessern, mit einfachen Mitteln, indem Sie die Substantivierung rückgängig machen, das Hauptwort wieder in ein Verb umwandeln und überflüssige Wörter streichen.

Auch in sehr kurzen Texten sind aktive Formulierungen mit einem Verb besser.»Unsere Empfehlung: Schollenfilet mit Reis und Salat« ist kurz, aber nicht gut. Denn »unsere Empfehlung« klingt zurückhaltend und distanziert, obwohl doch etwas empfohlen werden soll. Direkter und freundlicher ist die Aussage:»Wir empfehlen: Schollenfilet mit Reis und Salat.«

Allerdings sind Substantive nicht immer schlecht. Und manchmal sind auch substantivierte Verben sinnvoll: Wenn regelmäßige und institutionelle Vorgänge oder dauerhafte Ereignisse beschrieben werden, bei denen die einzelnen Handlungen von Menschen zurücktreten. Das war abstrakt formuliert. Beispiele sind: die Versorgung der Tiere, die Eröffnung, die Veranstaltung, die Ausstellung.

Mit echten Verben bringen Sie Leben in Ihre Texte.

Ansonsten gilt die erste Empfehlung: Nutzen Sie Verben, wenn Sie schreiben, dass jemand etwas tut. Und das ist in fast jedem Satz der Fall. Übrigens: Empfehlung ist ebenfalls eine Substantivierung. In diesem Fall ist die Substantivierung jedoch auch sinnvoll, da ich mehrere Empfehlungen aufzähle. Und die zweite Empfehlung lautet: Wenn Sie ein Verb nutzen, dann sollten Sie die aktive Form wählen.

Aktiv statt passiv

Aktive Verben sind in der Regel besser. Sie sind direkt und machen kein Geheimnis aus einer Aussage. Schreiben Sie also nicht: Unsere Mitarbeiter werden für gute Leistungen belohnt. Sonst stellt sich die Frage: Wer belohnt Ihre Mitarbeiter? Schreiben Sie also besser gleich direkt: Wir belohnen unsere Mitarbeiter für gute Leistungen.

Passive Formen sind die »Leideform«. Angemessen sind passive Formen, wenn ein Text beschreibt, was jemand erleidet. Beispiel: Matthias wurde vom Hund gebissen. In den meisten Fällen geht es jedoch weniger darum, was jemand erleidet, sondern was jemand tut. Dann ist ein aktives Verb sinnvoll. Mit passiven Verben steigt überdies die Gefahr, Unsinn zu schreiben.

Das ist oft der Fall, wenn das Pauschal-Es mit einem passiven Verb kombiniert wird. Ein Beispiel zeigt, was passieren kann, wenn man unvorsichtig passive Verben einsetzt. Das Beispiel stammt aus einem Zeitungsbericht über eine Dessous-Party:

 Schade, der passt nicht, brabbelt es an allen Ecken und Kanten. Zwischendurch wird zum Spiegel gerannt oder der Freundin auf den Busen geguckt.

Garantiert brabbelt nicht »es«, sondern Menschen brabbeln. Hier sind »es« die Frauen auf der Dessous-Party. Außerdem haben die Frauen auch sicher nicht an allen Ecken und Kanten gebrabbelt, sondern sie saßen dabei in Sesseln oder standen um einen Tisch herum. Deshalb sollte man aufpassen bei Floskeln und Phrasen (mehr dazu im Kapitel »Vorsicht Tellerränder ...«, s. S. 89).

Beim zweiten Satz stellt sich die Frage: Wer oder was wird zum Spiegel gerannt? Sie merken: Diese Frage tut weh, weil der Satz falsch gebaut ist. Deshalb: Vorsicht mit passiven Verben, vor allem in Verbindung mit »es«. Auch bei erfreulichen Ereignissen. Es wird gefeiert? Herzlichen Glückwunsch! Aber was hat »es« getan, dass es gefeiert wird? Passive Verben sind nur in wenigen Fällen sinnvoll. Meistens ist klar, wer oder was etwas tut. Dann sollte man die Menschen oder Dinge auch beim Namen nennen und mit einem aktiven Verb beschreiben, was sie tun.

Machen Sie keine Geheimnisse: Nehmen Sie in der Regel aktive Verben.

Nicht nur passive Verben sind problematisch. Die dritte Empfehlung lautet: Vorsicht bei Spagatverben! Sie werden auch Streckverben genannt. Ich nenne sie Spagatverben, weil der Leser im Kopf einen Spagat machen muss, um die Satzaussage zu verstehen. Das macht es ihm unnötig schwer, einen Text zu verstehen. Spagatverben sind Verben, die aus mehreren Verben oder anderen Begriffen zusammengesetzt sind.

Ohne Spagat: Einfache Verben nutzen

Oft bestehen Spagatverben aus einem Verb in Verbindung mit einem weiteren, substantivierten Verb. Ein Beispiel: »Ich schenke Ihnen, weil Sie unserer Firma seit Jahrzehnten treu und aufopferungsvoll gedient haben, ...« – ja, was? Ein Auto? Eine Reise? Ein Buch? Nein: »mein Vertrauen.« Einfacher und klarer wäre: »Ich vertraue Ihnen, weil Sie unserer Firma seit Jahrzehnten treu und aufopferungsvoll gedient haben.«

Spagatverben machen Texte unverständlich und führen in die Irre, umso mehr, je weiter die beiden Begriffe auseinander gezogen werden. Weitere Beispiele für solche Spagatverben sind: in Abzug bringen, in Empfang nehmen, zum Einsatz kommen, Gebrauch machen, zur Durchführung bringen, in Betracht ziehen.

Nicht nur bei der Verbindung von Verben mit Substantivierungen muss der Leser im Kopf einen Spagat machen. Spagatverben entstehen auch

Spagatverben machen Texte unverständlich und führen in die Irre. Nehmen Sie lieber einfache Verben oder ziehen Sie die Teile eines Verbs zusammen.

bei Verben in der Vergangenheit, in der Zukunft, bei passiven, bei Hilfs- und zusammengesetzten Verben.

● Verben in der Vergangenheit. Genauer: in der Vergangenheit, die in die Gegenwart hineinragt – im Perfekt. Diese Vergangenheitsform wird mit den Hilfsverben »sein« und »haben« und dem Hauptverb gebildet. In anderen Sprachen stehen diese beiden Teile zusammen: »I *have seen* the light« – oder: »*J'ai vu* la lumière«. In der deutschen Sprache wird schnell ein Spagat daraus: »Ich *habe* das Licht *gesehen.*« Wenn der Spagat größer wird, wird die Aussage verwirrend: »Ich habe nach langer Zeit, in der ich nichts von meinem Freund gehört hatte, der vor zehn Jahren nach Australien ausgewandert war, endlich mal wieder ...« – einen neuen Freund gewonnen? Mit dessen Mutter Tee getrunken? Nein: »etwas von ihm gehört.«

● Verben in der Zukunft. Auch für die Zukunftsform brauchen wir zwei Verben: das Hilfsverb »werden« und das Hauptverb. Und auch hierbei machen es andere Sprachen dem Leser einfacher: »I *will go* to bed« – oder: »Je *vais aller* au lit«. Die deutsche Sprache verlangt erneut einen Spagat: »Ich *werde* ins Bett *gehen.*« Es geht noch unverständlicher: »Ich werde dich, auch wenn du dich dagegen sträubst, wobei du aus meiner Sicht keinen Grund dazu hast, ...« – keines Blickes mehr würdigen? Mit Geschenken überhäufen? Oder:»im Turnverein anmelden.«

● Passive Verben. Zu passiven Verben habe ich bereits einiges geschrieben. Sie haben noch einen Nachteil: Auch passive Verben verführen zum Spagat. Wieder haben andere Sprachen den Vorteil, dass Hilfsverben und Hauptverben nebeneinander stehen:»I *was born* in London« – oder:»J'*était né* à Paris«. Die deutsche Sprache verlangt den Spagat:»Ich *wurde* in Berlin *geboren*.«

● Hilfsverben. Auch aktive Verben in der Gegenwart sind anfällig für einen Spagat, wenn sie mit einem Hilfsverb kombiniert werden. Zu diesen Hilfsverben zählen »können«, »dürfen«, wollen« und »müssen«. Ein Beispiel:»Ich will meine Freude über die Zusammenarbeit in den letzten Jahren, in der nicht alles Gold war, was glänzte, an dieser Stelle ...« – zeigen? Nicht verhehlen? Oder vielleicht sogar:»mit einer Flasche Sekt als Geschenk zum Ausdruck bringen.« Beliebt sind Hilfsverben auch, um höflich zu wirken. Solche Sätze werden aber nicht höflich, sondern floskelhaft und umständlich. Sie beginnen mit »ich darf« oder »ich möchte«, und dann folgt irgendwann »begrüßen«, »danken« oder »einladen«. Wer schreibt »Ich möchte Sie einladen«, sollte lieber nicht die Einladung ankündigen, sondern gleich zur Sache kommen:»Ich lade Sie ein«. Wer sich bedanken will, braucht dafür keine Erlaubnis. Deshalb reicht:»Ich danke Ihnen« statt »Ich darf mich bei Ihnen bedanken«.

● Zusammengesetzten Verben. Einige Verben sind aus mehreren Begriffen zusammengesetzt, zum Beispiel: zurückkommen, zusammenführen, durchsetzen. Wenn mit diesen Verben ein Satz gebildet wird, werden die Begriffe auseinander gezogen. Da der Leser am Anfang des Satzes nicht weiß, mit welchem Begriff das Verb verbunden ist, muss er einen Spagat machen und rätseln, was gemeint sein könnte: «Ich bringe heute Abend einen Gast ...« – hoffentlich nicht »um«, lieber »nach Hause« oder »unter«, vielleicht auch nur »mit«?

Spagatverben sind eine Eigentümlichkeit der deutschen Sprache. Deshalb müssen wir mit ihnen leben – und schreiben und lesen.

Aber als Schreiber müssen wir es den Lesern nicht immer so schwer machen, wie ich es mit den Beispielen gezeigt habe. Mit einigen Tricks können wir dem Leser den Spagat ersparen oder zumindest so weit verkleinern, dass ein Satz verständlich wird. Um Sätze verständlicher zu machen, empfehle ich gegen Spagatverben:

- Suchen Sie andere Verben, die das Gleiche bedeuten. Man kann aus dem Leben scheiden – aber jeder muss sterben.
- Verzichten Sie auf Hilfsverben, wenn es möglich ist. Sie dürfen Ihre Gäste weiterhin begrüßen – indem Sie Ihre Gäste begrüßen.
- Setzen Sie die Teile eines Verbs so nah wie möglich zueinander. Sie kommen bei Ihren Lesern mit guten Texten gut an – Sie kommen besser an bei Ihren Lesern mit guten Texten ohne Spagatverben.
- Vermeiden Sie Schachtelsätze. Wenn sich Spagatverben nicht vermeiden lassen, dann verhindert ein Schachtelsatz endgültig das Verständnis.

Die ersten drei Empfehlungen lassen sich so zusammenfassen: Nutzen Sie in der Regel einfache, aktive Verben. Eine letzte, die vierte Empfehlung lautet: Vermeiden Sie umständliche und nichts sagende Verben. Solche Verben sind schnell geschrieben, wenn man sich gewählt ausdrücken will. Sie blähen einen Text unnötig auf. Umständlich ist: Wir sind in der Lage – wenn wir können. Wir haben die Absicht – wenn wir wollen.

Verzichten Sie auf nichts sagende Verben. Sie blähen Texte unnötig auf.

Umständliche Verben kann man ändern. Auf nichts sagende Verben sollte man verzichten. Dazu gehören: vornehmen, durchführen, beschäftigen, ausführen oder erfolgen. Diese nichts sagenden Verben werden gerne verbunden mit Substantivierungen und werden leicht zu Spagatverben. Ein Beispiel: »Wir führen eine Untersuchung durch.« Besser, verständlicher und direkter ist: »Wir untersuchen.«

Übung: Verbesserungen

Schreiben Sie statt ...	... besser:
zum Abschluss bringen	abschließen
einer Prüfung unterziehen	prüfen
Vertrauen schenken	vertrauen
in Betracht ziehen	überlegen; denken an
zum Durchbruch verhelfen	durchsetzen; umsetzen
zum Ausdruck bringen	sagen; ausdrücken
in Zweifel ziehen	bezweifeln
Mitteilung machen	mitteilen; berichten
in Erwägung ziehen	erwägen; überlegen
eine Aussage machen	sagen; berichten; aussagen
aus dem Leben scheiden	sterben
in Abzug bringen	abziehen
in Empfang nehmen	empfangen
Gebrauch machen von	nutzen
Sie führte die Änderungen am Text gewissenhaft aus.	Sie änderte den Text gewissenhaft.
Er beschäftigte sich mit der Reparatur seines Autos.	Er reparierte sein Auto.
Wir sind nicht in der Lage, ihren Wünschen nachzukommen.	Wir können Ihre Wünsche nicht erfüllen.
Ich führe eine Untersuchung über die Häufigkeit menschlicher Sozialkontakte durch.	Ich untersuche, wie oft sich Menschen mit anderen treffen.
Die Lieferung erfolgt Anfang nächster Woche.	Wir liefern Anfang nächster Woche.
Er nimmt die Organisation unserer Veranstaltung vor.	Er organisiert unsere Veranstaltung.
Zur Inanspruchnahme unserer Leistungen ist eine vollständige Ausfüllung unseres Fragebogens notwendig.	Bitte füllen Sie unseren Fragebogen vollständig aus. Dann können wir Ihnen helfen.

Ihre Überlegungen zur Durchführung einer Spendensammlung für die Flutopfer werden einer wohlwollenden Prüfung unterzogen.	Ihre Idee ist gut. Wir prüfen, ob wir Spenden für die Flutopfer sammeln können.
Nach der durchgeführten Untersuchung ist eine Bespielung des Rasens wegen der glatten Beschaffenheit nicht möglich.	Wir haben den Rasen untersucht. Er ist zu glatt. Deshalb kann darauf nicht gespielt werden.
Der Austausch von Zärtlichkeiten ist untersagt.	Küssen verboten!
Zur Gefährdung durch eine Ansteckung mit Grippeviren beim Austausch von Zärtlichkeiten ist eine Feststellung unsererseits angesichts fehlender Untersuchungen nicht möglich.	Wir können nicht sagen, ob sich Menschen beim Küssen mit Grippeviren anstecken. Diese Gefahren haben wir noch nicht untersucht.
Ihre Behauptung einer Unterlassung von Hilfeleistungen bei der Behandlung Ihrer Verletzungen nach dem Unfall ist unwahr.	Sie lügen! Ich habe Ihnen geholfen und Ihre Verletzungen nach dem Unfall behandelt.

Weiße Schimmel und andere überflüssige Adjektive

Tot ist tot. Man kann nicht ein bisschen tot sein, sehr tot, ziemlich, relativ oder ansatzweise tot – oder nicht tot genug. Wer lebt, ist nicht tot. Und wer tot ist, lebt nicht mehr.

Ist doch logisch, sagen Sie? Fragen Sie den Fernsehmoderator, der bei seinem Studiogast nachfragte: »Sie sagen, der Schlangenbiss sei tödlich. Wie tödlich?« Offenbar ist tödlich nicht immer tödlich. Also ist tot nicht immer tot. Oder doch? Doch! Tot ist tot und bleibt tot. Und tödlich ist tödlich. Wenn ein Schlangenbiss nicht tödlich ist, dann war er auch nicht ein bisschen tödlich.

Auch Profis haben Schwierigkeiten mit Adjektiven. Denn Adjektive sind oft nicht das, was sie sein sollen: Wörter, die eine Eigenschaft beschreiben. Und ich füge hinzu: eine Eigenschaft, die der Leser wissen soll, um den Text zu verstehen und sich anschaulich etwas vorzustellen.

Oft werden Adjektive unbedacht als selbstverständliche Beigabe geschrieben, obwohl sie überflüssig oder falsch sind. Wie in dieser Abschlussfloskel aus einem Brief:»Für evtl. Auskünfte stehe ich gerne zur Verfügung.« In diesem Fall ist»evtl.« formal das Adjektiv zu»Auskünfte«. Egal, woher Sie eine Auskunft

Viele Eigenschafts- möchten: Eventuell erhalten Sie eine Auskunft,
wörter sind überflüs- eventuell erhalten Sie keine Auskunft. Eventuell
sig oder falsch. erhalten Sie eine freundliche Auskunft, eventuell eine unfreundliche Auskunft. Aber Sie werden nie eine»eventuelle Auskunft« erhalten.

Eigenschaftswörter beschreiben, wie etwas ist oder wie etwas getan wird. Viele Adjektive und Adverben tun das jedoch nicht, oft sind sie unnötig. Dann blähen sie Texte auf und sind verzichtbar.

Eigenschaftswörter überlegt einsetzen

Eigenschaften sollte man erwähnen, wenn sie für das Verständnis wichtig sind. Um zu unterscheiden: wenn das, was beschrieben wird, auch anders sein könnte. Sinnvoll ist ein Adjektiv, wenn Sie schreiben:»Er zog die schwarze Jeanshose an« (und nicht die blaue). Sinnvoll ist ein Adverb, wenn Sie schreiben:»Sie antwortete schnell« (und nicht erst nach zwei Monaten).

Nicht nur Verben, auch Eigenschaftswörter werden gerne substantiviert: häufig mit -heit und -keit am Ende. Manchmal ist das sinnvoll, meistens aber nicht. Auch bei Eigenschaften machen Substantivierungen einen Text steif. Ich bin zwar ein Anhänger von Klugheit und Schnelligkeit. Aber noch lieber bin ich klug und schnell. Wenn es also sinnvoll ist, eine Eigenschaft zu beschreiben, dann bitte mit Adjektiven und Adverben. Damit werden Texte farbig und lebendig. Schwerfällig und langatmig klingt diese Beschreibung:»Die Kälte und die sechsmonatige Dunkelheit sind im Winter das Typische der Tage am Nordpol.« Kürzer und anschaulicher klingt die gleiche Aussage so:»Es ist kalt und sechs Monate lang dunkel – so sind die Tage am Nordpol im Winter.«

Substantivierungen sind eine schlechte Angewohnheit, Steigerungen eine andere. Sind Steigerungen schlechter? Oder am schlechtesten? Das ist Geschmacksache. Keine Frage des Geschmacks sind falsche Steigerungen. Deshalb Vorsicht mit dem Beiwort »sehr«: Damit wird eine Eigenschaft gesteigert. Das geht zum Beispiel bei: gut, viel, schnell, alt oder warm. Es geht aber nicht bei: schwanger, tödlich, einzigartig, gefühllos oder schwarz. Diese und andere Eigenschaften lassen sich nicht steigern. Auch nicht in anderer Form: Tödlicher als tödlich geht nicht; sehr schwanger, ziemlich einzigartig, äußerst gefühllos oder schwärzer als schwarz – das alles gibt es nicht. Diese Eigenschaften lassen sich auch nicht abschwächen mit: ein bisschen, relativ oder verhältnismäßig.

Außer falschen Steigerungen oder Einschränkungen gibt es andere Fehler mit Eigenschaftswörtern:

- Adjektive, die keine sind: Haben Sie auch schon einmal »den deutschen Erfolg« gefeiert? Leider gibt es ihn nicht. Natürlich können Deutsche erfolgreich sein. Aber der Erfolg wird nie deutsch sein: Der Erfolg hat keine Nationalität. Es gibt rücksichtsvolle Männer – aber keine männliche Rücksichtnahme.
- Adjektivierungen: Es gibt auch keine bürgerliche Pflicht, wohl aber eine Bürgerpflicht. Auch Kindeswohl sollte Kindeswohl bleiben, und nicht das kindliche Wohl werden. Ebenso wenig gibt es ein elterliches Sorgerecht oder eine frauliche Bewegung.
- Ein falsches oder überflüssiges Partizip-Perfekt: Ein Bericht über »die stattgefundene Veranstaltung« mag interessant sein. Doch die Veranstaltung ist nicht stattgefunden, sie war es nicht, und sie wird es nie sein. Die Veranstaltung *hat* stattgefunden. Das Partizip-Perfekt kann in diesem Fall kein Adjektiv sein. Auch überflüssig ist *häufig* ein Partizip-Perfekt. Ein Beispiel: Wer seine gemachte Aussage widerrufen will, muss nur seine Aussage widerrufen. Jede Aussage ist gemacht. Wenn sie nicht gemacht ist, ist sie keine Aussage.

Die »gemachte Aussage« ist bereits ein Beispiel für weiße Schimmel. Sie werden auch Tautologien oder Pleonasmen genannt: überflüssige Verdoppelungen. Pferdefreunde behaupten, es gibt weiße Schimmel, weil es auch nicht-weiße Schimmel gibt. Weiße Schimmel sind völlig ausgefärbte weiße Pferde, die keine Fliegenschimmel-Punkte haben. Auch an anderer Stelle gibt es weiße Schimmel. Wer schon einmal Schimmel in der Wohnung hatte, hat vielleicht gesehen, dass es nicht nur weißen Schimmel gibt. Es gibt auch grüne, schwarze und blaue Schimmelpilze. In diesem Fall ist das Adjektiv »weiß« sinnvoll, weil es unterscheidet; und es ist auch keine Tautologie, weil für die Wissenschaft nicht jeder Schimmel weiß ist.

> Weiße Schimmel sind überflüssige Verdoppelungen durch Eigenschaftswörter. Sie tauchen öfter auf, als wir denken.

Überflüssige Verdoppelungen

Wer allerdings keinen Fachaufsatz über Pferde oder Schimmelpilze schreibt, der kann auf »weiß« vor »Schimmel« verzichten. Das gilt auch für andere weiße Schimmel: also für überflüssige Adjektive, die eine Eigenschaft beschreiben, die in der Bedeutung des Hauptworts bereits enthalten ist.

Es gibt viele weiße Schimmel, weit mehr, als uns auf Anhieb einfallen. Bei toten Leichen fällt jedem die überflüssige Wiederholung sofort auf. An viele andere weiße Schimmel haben wir uns wie an eine Redewendung gewöhnt. Hier ist eine Auswahl:

- Schwere Zerstörungen: Es gibt keine leichten Zerstörungen.
- Restlos überzeugt: Wer überzeugt ist, muss restlos überzeugt sein. Sonst ist er nicht überzeugt.
- Eigenhändige Unterschrift: Eine Unterschrift ist eigenhändig – oder keine Unterschrift.
- Der schwere Orkan: Ein leichter Orkan ist kein Orkan, sondern ein Windhauch.
- Ein zarter Windhauch: Ein schwerer Windhauch ist mindestens ein Sturm.
- Zusammentreffen: Wer nicht zusammentrifft, trifft sich nie.
- Kleine Zwerge: Wenn die Zwerge groß werden, sind sie keine Zwerge mehr.

- Runde Kugeln: Ein Königreich für den, der eine eckige Kugel findet.
- Viereckiges Quadrat: Jedes Quadrat hat vier Ecken.
- Der innere Kern: Ein Kern kann hart oder weich sein, aber er ist immer innen.
- Dicker Fettsack: Wenn der dicke Fettsack abnimmt, ist er kein Fettsack mehr.
- Alte Greise: Greise sind immer alt.
- Andere Alternativen: Wären sie nicht anders, wären sie keine Alternativen.

Manchmal entstehen weiße Schimmel durch den Zusammenhang mit der Satzaussage. Aus einer Einladung:»Wir freuen uns auf das bevorstehende Fest.« Vielleicht hat sich auch früher jemand auf ein Fest gefreut, das inzwischen zurückliegt. Aber niemand freut sich heute auf das zurückliegende Fest. Das geht nicht. Es reicht also: Wir freuen uns auf das Fest.

Auch der Bericht über eine Dessous-Party beschreibt es genau: »Hosen und Pullis landen auf den vorhandenen Sofas.« Auf anderen Sofas hätten die Hosen und Pullis auch nicht landen können. Hier hätte gereicht: Hosen und Pullis landen auf den Sofas. Doppelt gemoppelt ist auch: »Sie soll angeblich im Lotto gewonnen haben.« Auch ohne »angeblich« ist es keine Behauptung. »Sie soll im Lotto gewonnen haben « ist bereits nur ein Gerücht.

Nicht nur Adjektive, ganze Formulierungen können zu weißen Schimmeln werden, wenn sie in einer bestimmten Situation überflüssig sind. Ein Beispiel: In einer Rede auf dem Deutschen Soziologentag wäre es unsinnig, »den großen deutschen Soziologen Max Weber« zu würdigen. »Max Weber« reicht. Wer nicht weiß, dass Max Weber ein großer deutscher Soziologe war, geht nicht zum Deutschen Soziologentag. In einem Vortrag vor Laien ist dieser Hinweis dagegen sinnvoll.

Weiße Schimmel vermeiden: Prüfen Sie, ob die Aussage des Adjektivs bereits im Hauptwort enthalten ist.

Sicher ungewollt ist ein weißer Schimmel in dem »Bescheid über Friedhofsunterhaltungsgebühren« entstanden: »Als Nutzungsberechtigter einer beziehungsweise mehrerer Grabstellen auf dem Friedhof sind Sie zur Zahlung der Gebühr verpflichtet.« Grabstellen sind in der Regel auf einem Friedhof. Dieser Zusatz ist also entbehrlich, erst recht, da ohnehin durchgehend von dem Friedhof die Rede ist. Sie haben jetzt genug Übung, weiße Schimmel zu erkennen. Die nächsten Beispiele kommentiere ich deshalb nicht. Es sind Weißschimmel, überflüssige Verdoppelungen in einem Wort:

- Einzelindividuen
- Zukunftsprognosen
- Zukunftsperspektiven
- Rückerinnerung

Weiße Schimmel entstehen schnell, ohne dass wir uns dessen bewusst sind. Manchmal sind sie so offensichtlich, dass der Leser oder Hörer darüber lachen kann. Wie beim Kommentar eines Sportreporters:»Wichtig sind besonders die Beine, denn damit läuft das Pferd.« In den Nachrichten war zu hören:»Der Tote, der am Freitag gefunden wurde, liegt jetzt als Leiche in der Gerichtsmedizin.« Eine Variante von toten Leichen aus einer anderen Meldung:»Es war der 19. Tote. Auch er hat nicht überlebt.«

Es gibt auch weiße, weiße Schimmel. Ein Beispiel ist: absolutes Stillschweigen bewahren. Wenn Sie stattdessen»schweigen« schreiben, ist alles erklärt, weil man weder relativ noch laut schweigen kann. Es gibt ja auch kein feuchtes Flüssigwasser.

Allerdings gibt es Begriffe und Redewendungen, die einem Text mehr schaden als weiße Schimmel. Begriffsschlangen oder Spagatverben sind schädlich, weil sie langweilig sind, Texte stark aufblähen können und es dem Leser schwer machen, einen Text zu verstehen.

Überflüssige Eigenschaftswörter streichen: Nutzen Sie Adjektive sparsam – und gut überlegt.

Im Gegensatz dazu sind Adjektive in vielen Fällen nicht schädlich. Denn meistens sind es nur einzelne Wörter, die einen Text zwar aufblähen, aber nicht stark.

Dennoch sind viele Adjektive überflüssig. Deshalb sollte man sie streichen, wenn eine Aussage ohne Adjektiv verstanden werden kann. Ein Text ist gut, wenn er keine überflüssigen Wörter enthält. Ich empfehle daher: Nutzen Sie Adjektive sparsam und gut überlegt.

Schluss mit der Geheimsprache

Bislang ging es darum, durch welche Begriffe ein Text langweilig, steif oder schwer verständlich wird. Bei allen Nachteilen lassen Begriffsschlangen oder Spagatverben dem Leser immerhin noch die Chance, den Text zu verstehen. Allerdings sollte es der Autor nicht darauf ankommen lassen. Denn nur wenige Leser haben die Geduld und den Ehrgeiz, einen steifen und schwer verständlichen Text zu verstehen, indem sie langsam lesen oder mehrmals zurückblättern.

Selbst diese Möglichkeit hat ein Leser jedoch nicht mehr, wenn er Begriffe nicht versteht, weil er sie nicht kennt. Kein Leser schaut gern in ein Fremdwörter-Lexikon oder ein Englisch-Wörterbuch, um einen deutschen Text zu verstehen.

Es ist meines Erachtens legitim, wenn der Sales Manager beim Junior Consultant implizit auf einer neuen Headline für die PR-Offensive insistiert, weil der Break-even-Point suboptimal ist.

De facto kann auch der MdB dem MdL nicht widersprechen, dass bei der Reform des SGB nicht nur die RV und die KV explizit betroffen sind, sondern u.U. auch subtil die UV, was der BUK kritisiert.

Mit A 15 oder BAT I kann einen das kalt lassen. Aber das interessiert niemanden, und es versteht auch kaum jemand.

Es passiert leicht, dass man als Autor mit seinen Gedanken gefangen ist in dem Wortschatz, mit dem man täglich arbeitet: in den Begriffen, mit denen man denkt und redet. Aber Vorsicht! Das ist die Geheimsprache der Experten, die andere nicht unbedingt verstehen: Fachausdrücke, Fremdwörter und Abkürzungen. Sie bringen eine Gefahr mit sich: Begriffe, die der Leser nicht kennt, kann er als Überheblichkeit des Autors auslegen. Das macht einen schlechten Eindruck, die zweite Botschaft von Texten, die ein Leser nicht versteht.

> Fachausdrücke, Fremdwörter und Abkürzungen sind die Geheimsprache der Experten. Wer verstanden werden will, muss auf Geheimsprache verzichten.

Die meisten Menschen schreiben, um etwas mitzuteilen. Viele Autoren vergessen dabei einfach nur die erste Frage: Wer soll das lesen? Und denken nicht ausreichend darüber nach, was sie schreiben, wie und für wen. Das ist keine Überheblichkeit, aber Gedankenlosigkeit und hat das gleiche Ergebnis: Der Leser versteht den Text nicht.

Vorsicht bei Fachausdrücken und Fremdwörtern

Natürlich sollte der Autor selbst jeden Begriff kennen, den er verwendet. Das ist die erste Regel. Meistens halten wir uns automatisch daran. Es reicht aber nicht, dass der Autor einen Begriff kennt: Auch der Leser muss ihn kennen. Das ist die zweite Regel.

Grundsätzlich gilt: Vermeiden Sie Fachausdrücke und Fremdwörter, wenn Sie nicht sicher sind, dass alle Leser sie kennen oder wenn es eine brauchbare Übersetzung gibt.

Es gibt nur einen Maßstab: den Leser. Er entscheidet, ob es gerechtfertigt war, einen Fachausdruck oder ein Fremdwort zu verwenden. Das bedeutet, dass der Autor vorher entscheiden muss, wie er den Leser einschätzt. Seien Sie im Zweifelsfall lieber zu vorsichtig als zu forsch.

Wer einen Text schreibt, kann den Leser nicht fragen, ob er einen bestimmten Begriff versteht. Der Autor kann es nur vermuten und sollte im Zweifelsfall einen anderen Begriff wählen. Fachausdrücke und Fremdwörter sind nur erlaubt oder sinnvoll,

- wenn Sie sicher sein können, dass der Leser sie versteht und
- wenn es keine brauchbare, griffige Übersetzung gibt.

Für Pommes frites gibt es keine brauchbare, griffige Übersetzung. Und ich gehe davon aus, dass fast jeder Pommes frites kennt, weil fast jeder sie schon einmal gegessen hat. Bei Gyros und Paella bin ich mir nicht mehr so sicher. Auch beim Hot Dog bin ich mir nicht sicher. Allerdings würde eine wörtliche Übersetzung die meisten Leser abschrecken, auch wenn sie noch so hungrig sind.

Für einzelne Begriffe gibt es also keine verlässlichen Empfehlungen. Der Autor muss im Einzelfall abwägen, ob er einen Begriff verwendet oder nicht. Die Antwort hängt davon ab, wer der Leser ist. Auch wenn der Autor davon ausgeht, dass ein Leser bestimmte Begriffe nicht kennt, sind Fachausdrücke oder Fremdwörter allerdings manchmal notwendig. Dann hilft nur eins: Nennen Sie den Begriff und erläutern Sie ihn. Damit ist der Leser auf dem gleichen Stand wie Sie.

Auch deutsche Begriffe können ein Problem sein. Ein deutsches Fachwort wird zum Fremdwort, wenn es von Menschen gelesen wird, die nicht zur Fachrichtung gehören. In dem folgenden Zeitungsbericht ist das mehrfach passiert:

> Elterliche Kompetenz wie z.b. Respekt wird gefördert, Risiken wie chronische Familienkonflikte oder auch Drogenmissbrauch werden minimiert. In dem Programm gibt es unter anderem eine Kinderzeit (Austoben, Erwerb sozialer Kompetenzen, gewaltfreie Erfahrungen), eine Elternzeit (intensiver Dialog, Überwindung von Isolation, etc.), eine Lotterie (Erfahrungen gemeinsamer Erfolge) und auch ein Gefühlskartenspiel (Verbalisieren und offener Ausdruck der Spannweite von Gefühlen). All diese Komponenten dienen dazu, die verbale und emotionale Kommunikation zwischen Eltern und Kindern zu verbessern.

Viele Fachausdrücke machen diesen Bericht schwer verständlich, leblos, abstrakt und nichts sagend. Er klingt deshalb auch nicht wie ein Bericht, sondern eher wie ein Fachkonzept von Experten für Experten. In einer wissenschaftlichen Fachzeitschrift wäre die Wortwahl vielleicht angemessen.

Manchmal sind Fachausdrücke oder Fremdwörter notwendig. Dann müssen sie erklärt werden.

Auch dann kann es aber sein, dass abstrakte Begriffe von den Fachleuten unterschiedlich verstanden oder interpretiert werden. Das könnte bei diesen Begriffen passieren: chronische Familienkonflikte, soziale Kompetenzen, Überwindung von Isolation, offener Ausdruck der Spannweite von Gefühlen, verbale und emotionale Kommunikation.

Ein anderes Beispiel: Vermutlich weiß jeder Jurist, was eine Rückauflassungsvormerkung ist. Ich weiß, was »rück« bedeutet, ich erkenne und kenne die substantivierten Verben »auflassen« und »vormerken«. Aber ich weiß trotzdem nicht, was eine Rückauflassungsvormerkung ist. Deshalb hilft es mir auch nichts, dass die Rückauflassungsvormerkung ein deutsches Wort ist. Wenn ein Jurist einem Juristen schreibt, muss er den Begriff nicht erklären. Für einen Nicht-Juristen muss der Begriff einfach und verständlich erklärt werden.

Kurz und gut gilt nicht für Abkürzungen

Für einzelne Abkürzungen kann es ebenfalls keine allgemeinen Ratschläge geben. SPD, CDU und FDP kennen wahrscheinlich alle. Aber längst weiß nicht jeder, welche Begriffe damit abgekürzt werden. Die Abkürzungen sind zu Namen geworden. Das gilt auch für den ADAC und den DGB. Wenn Sie im Büro arbeiten, haben Sie wahrscheinlich einen PC. Mit Ihrem Handy haben Sie sicher schon eine SMS verschickt. Aber nicht jeder weiß, was ein PC und was eine SMS ist. Und was ist mit der IHK und dem BGB?

Auch bei Abkürzungen muss der Autor im Einzelfall entscheiden, ob der Leser sie verstehen kann. Wenn nicht, dann sollte das Wort ausgeschrieben oder ein anderer Begriff gesucht werden. Wer nicht weiß, was eine SMS ist, versteht vielleicht auch »short message system« nicht. Schreiben Sie lieber eine Kurznachricht. Das versteht jeder.

Aufpassen bei Abkürzungen: Sie können leicht missverstanden werden.

In einigen Fällen sind Abkürzungen jedoch sinnvoll: wenn Sie einen längeren Text schreiben, in dem häufig ein langer Begriff auftaucht, für den es eine Abkürzung gibt. Dann können Sie sich und dem Leser Arbeit sparen: Schreiben Sie das Wort beim ersten Mal aus, setzen Sie die Abkürzung dahinter in Klammern und verwenden Sie anschließend im weiteren Text nur noch die Abkürzung.

 Ein Beispiel: 100 Jahre alt wird in diesem Jahr der Turn- und Sportbund (TSB). Als der TSB gegründet wurde ...

Nicht sinnvoll sind Abkürzungen für einfache Begriffe: Ich z.B. meine u.U. Abkürzungen, die zzt. oft gebraucht werden bzw. die m.E. u.a. aus Unüberlegtheit usw. verwendet werden. Sie erschweren das Lesen, können missverstanden werden und wirken unfreundlich, auch wenn der Text MfG endet. Schreiben Sie die Wörter aus. Die Arbeit lohnt sich.

Gute Worte auf einen Blick

Wenn Sie essen gehen, bestellen Sie sicher nicht sofort das erste Gericht, das oben auf der Karte steht. Sondern Sie wählen aus, was Ihnen schmeckt. Machen Sie es beim Schreiben ähnlich. Der Text muss Ihrem Leser »schmecken«, damit er ihn gerne liest und versteht. Für ihn soll Ihre Wortwahl keine Qual sein, sondern einen guten Text schaffen: anschaulich, verständlich und lebendig.

Mit wenigen guten Worten kann man viel sagen. Und mit vielen schlechten Worten manchmal sehr wenig. Ein guter Text hat viel zu sagen – mit nichts als guten Worten. Wählen Sie daher sorgfältig die Begriffe aus:

- Vermeiden Sie Amtsdeutsch, Oberbegriffe, Begriffsschlangen, überflüssige Wörter, aufgeblähte Wörter und Redewendungen.
- Schreiben Sie anschaulich mit kurzen, einfachen und treffenden Begriffen, unter denen sich der Leser etwas vorstellen kann.
- Ein Text ist gut, wenn er frei ist von überflüssigen Begriffen. Das ist der Fall, wenn Sie nichts mehr streichen können.
- Grundsätzlich gilt: Kurz ist gut. Manchmal muss ein Text aber länger sein: angemessen lang, damit er verständlich und lebendig wird.

> Ein guter Text hat viel zu sagen – mit nichts als guten Worten. Wählen Sie sorgfältig die Begriffe aus.

Verben würzen einen Text. Aber sie sind nicht wie das Salz in der Suppe. Denn eine Suppe kann man versalzen. Viele Verben schaden einem Text dagegen nicht. Im Gegenteil: Zu viele Verben gibt es selten. Genau wie anschauliche Begriffe bringen Verben Farbe und Leben in einen Text:

- Vermeiden Sie Substantivierungen. Sie machen einen Text trocken und schwerfällig. Sinnvoll sind Substantivierungen nur bei regelmäßigen und dauerhaften Vorgängen und Ereignissen.
- Lassen Sie Verben also Verben sein. Und nutzen Sie möglichst oft: Verben, Verben, Verben.
- Einfache, aktive Verben sind in der Regel besser als passive Verben. Der Leser möchte wissen, wer etwas tut.
- Vermeiden Sie Spagatverben oder rücken Sie die Teile eines zusammengesetzten Verbs nah zueinander.
- Führen Sie eine Streichung bei umständlichen und nichts sagenden Verben durch. Noch besser: Streichen Sie umständliche und nichts sagende Verben.

Eigenschaftswörter werden gerne gebraucht, auch wenn keine Eigenschaften beschrieben werden. Dann verwirren überflüssige Informationen den Leser und blähen den Text auf. Setzen Sie Adjektive und Adverben deshalb sparsam und gut überlegt ein:

- wenn Sie wirklich eine Eigenschaft bezeichnen,
- wenn sich die beschriebenen Menschen, Dinge oder Tätigkeiten dadurch von anderen unterscheiden,
- wenn der Leser von dieser Eigenschaft nichts weiß und sie wissen muss, um die Aussage zu verstehen und
- wenn die Eigenschaft nicht in der Bedeutung des Hauptworts enthalten ist. Sonst wiehert der weiße Schimmel.

Begriffe, die der Leser nicht kennt, sind die Geheimsprache der Experten: Sie können vom Leser als Überheblichkeit empfunden werden. Damit Sie freundlich wirken:

- Vermeiden Sie Fachausdrücke und Fremdwörter, wenn der Leser sie nicht versteht oder wenn es eine brauchbare Übersetzung gibt.

● Wenn Fachausdrücke oder Fremdwörter trotzdem erforderlich sind: Erläutern Sie den Begriff, wenn Sie ihn das erste Mal nennen.

● Ansonsten sollten Sie Fachausdrücke und Fremdwörter nur verwenden, wenn der Leser sie sicher versteht und wenn es keine geeignete Übersetzung gibt.

● Schreiben Sie in der Regel alle Wörter aus, vor allem einfache Begriffe. Nur bei langen Namen sind Abkürzungen sinnvoll, nachdem Sie beim ersten Mal erläutert haben, wofür die Abkürzung steht.

Auf die Sätze, fertig, los!

Jetzt haben Sie den Stoff, aus dem die Sätze sind, aber noch keine Sätze. Gute Worte allein sind aber nicht genug. Sie müssen zwischen zwei Punkten in eine lesbare Reihenfolge gebracht werden. Ob der Leser den Text versteht oder nicht, hängt entscheidend davon ab, ob die Sätze übersichtlich strukturiert sind. Es reicht nicht, die Begriffe einfach nur korrekt und halbwegs sinnvoll aneinander zu reihen.

 Gute Worte reichen nicht. Ob der Leser den Text versteht, hängt davon ab, ob die Sätze übersichtlich strukturiert sind.

Wer sich keine Gedanken über den Satzbau macht, baut für den Leser zu viele Hürden auf. Sicherlich korrekt, aber nicht übersichtlich ist der folgende Auszug aus dem Brief einer Bank:

Die bestehenden »Bedingungen für grenzüberschreitende Überweisungen innerhalb der Europäischen Union und der EWR-Staaten« werden mit Wirkung zum 1. Januar 2002 durch die diesem Schreiben beigefügten »Bedingungen für den Überweisungsverkehr« ersetzt.

Diese Änderung ist aufgrund der zum 1. Januar 2002 in Kraft tretenden gesetzlichen Vorschriften zum Überweisungsrecht erforderlich geworden. Die bislang nur für den grenzüberschreitenden Überweisungsverkehr innerhalb der Europäischen Union (EU) und der Staaten des Europäischen Wirtschaftsraums (EWR) geltenden gesetzlichen Vorschriften in §§ 676a ff. des Bürgerlichen Gesetzbuches gelten ab dem 1. Januar 2002 auch für Überweisungen im Inland und für Überweisungen in Staaten außerhalb der EU und des EWR. Dementsprechend enthalten die geänderten Überweisungsbedingungen Regelungen für Inlandsüberweisungen (Abschnitt II) und grenzüberschreitende Überweisungen (Abschnitte III und IV). Gemäß Nr. 1 Abs. 2 der mit Ihnen vereinbarten Allgemeinen Geschäftsbedingungen gelten die Änderungen in den Bedingungen für den Überweisungsverkehr von Ihnen als genehmigt, wenn Sie nicht schriftlich innerhalb einer Frist von sechs Wochen nach Erhalt dieser Mitteilung Widerspruch erheben und diesen an uns senden.

Der Inhalt der Mitteilung ist fast nicht zu verstehen. Vermutlich wurde hier weitgehend der Wortlaut einer Verordnung, amtlichen Mitteilung oder eines Gesetzestextes übernommen. Für Fachleute, die neue gesetzliche Regelungen umsetzen müssen, kann der Text so bleiben. Für den durchschnittlichen Kunden einer Bank sollte er jedoch umgeschrieben werden.

Das beginnt mit der Wortwahl. Vieles ist deshalb nicht zu verstehen, weil der Kunde Begriffe nicht kennt oder Hintergründe nicht prüfen kann. Zunächst einmal müsste der Autor sich bemühen, mit einfachen und verständlichen Begriffen zu informieren. Mit den Sünden der Wortwahl haben wir uns im letzten Abschnitt ausführlich befasst.

Vor allem aber ist der Satzbau zu kompliziert. Die Sätze sind voll gestopft mit komplizierten und verdrehten Informationen: 166 Wörter, Zahlen, Abkürzungen und Klammern in fünf Sätzen. Es ist gar nicht so einfach, solche Sätze zu schreiben. Aber noch mehr Mühe macht es, sie zu lesen. So informiert dieser Brief nicht, sondern verwirrt. Ohne Absicht lautet die zweite Botschaft dieses Schreibens: » Für Sie mache ich mir keine Mühe.«

Ordnung ist der halbe Text

Wer die Absicht hat, einen freundlichen Eindruck beim Leser zu hinterlassen, der macht sich Mühe. Er schafft Ordnung: erst im eigenen Kopf, und dann auf dem Papier. Bevor er anfängt zu schreiben, überlegt er, was er schreiben will. Beim Schreiben hilft ein einfaches Mittel, um die Gedanken zu ordnen, das kleinste Satzzeichen: der Punkt.

Grundsätzlich gilt: Je weniger zwischen zwei Punkten steht, desto einfacher kann der Leser einen Satz verstehen. Deshalb lautet die erste Regel: Schaffen Sie Ordnung mit kurzen Sätzen. Und bauen Sie für den Leser keine Stolpersteine in den Text ein, die den Lesefluss behindern. Dazu gehören Auslassungszeichen (...), Einschübe – in Bindestrichen – oder (in Klammern).

Keine Regel ohne Einschränkung: Kurze Sätze sind gut, aber nicht immer. Es gibt auch schlechte kurze Sätze. Der folgende Satz ist konstruiert:»Auf dem nicht bespielbaren Rasen ist es durch Feuchtigkeit glatt.« Der Satz ist kurz, hat nur zehn Wörter und ist trotzdem schwer zu verstehen, weil er umständlich gebaut ist.

Umständlich ist das eingeschobene, verneinte Adjektiv »bespielbar«. Aber nicht allein: Auch das substantivierte Adjektiv »feucht« ist umständlich. Und an dieser Stelle überflüssig. Denn ein Rasen ist meistens glatt, weil er feucht ist. Im Ergebnis ist es auch egal, warum der Rasen glatt ist. Fest steht:»Das Spiel fällt aus: Der Rasen ist zu glatt.« Denn das ist die Aussage des Satzes.

Wichtiger als die Zahl der Wörter ist ein verständlicher Satzbau.

Zweite Einschränkung: Auch lange Sätze können gut sein. Eine Höchstzahl von Wörtern lässt sich nicht festlegen. Wenn es eine Höchstzahl gäbe, wäre dieser Satz durchgefallen:»Ich habe in meinem Leben viele schöne Erlebnisse gehabt: meine Hochzeit und die Geburt unseres Sohnes, einen Lottogewinn und unseren Urlaub in Australien – um nur wenige zu nennen.«

Dieser Satz hat 28 Wörter. Trotzdem können Sie ihn sofort verstehen, weil der Satz klar strukturiert ist. Die Satzaussage steht am Anfang. Der Doppelpunkt kündigt an, dass noch etwas folgt, was mit der Satzaussage zusammenhängt: nämlich eine Aufzählung, mit der die Aussage belegt wird. Durch die übersichtliche Struktur ist beides im Zusammenhang für den Leser einfach zu verstehen.

Selbst die angehängte Aussage hinter dem Bindestrich schadet nicht mehr. Im Gegenteil: Die letzte Aussage kommentiert die Aufzählung mit wenigen, einfachen Worten und verstärkt damit die Hauptaussage des Satzes. Dieses Beispiel zeigt: Es kommt weniger auf die Anzahl der Wörter an. Wichtiger ist die Satzstruktur. Mit einem übersichtlichen Satzbau schaffen Sie Ordnung.

Wenn die Ordnung fehlt, wird das Lesen mühsam, wie in dem folgenden Beispiel:

> Sie tragen damit dazu bei, dass für die sehr interessierte Öffentlichkeit, insbesondere für die, die Wohnungseigentum erwerben, veräußern oder beleihen wollen, der Grundstücksmarkt der Eigentumswohnungen durchschaubarer wird.

Wieder fallen die steifen Begriffe auf. Vor allem wären in diesem Fall aber mehrere kurze Sätze besser. Trotzdem eine dritte Einschränkung: Kurze Sätze sind zwar verständlich, wenn sie klar aufgebaut sind. Eine durchgehende Abfolge von sehr kurzen Sätzen macht einen Text jedoch hart und abgehackt. Damit Rhythmus in den Text kommt, sollte man kurze Sätze abwechseln mit Sätzen, die einen Nebensatz haben, aber übersichtlich strukturiert sind.

Eine Aussage pro Satz

Niemand kommt auf die Idee, die vier Gänge eines Menüs gleichzeitig auf einem Teller zu servieren. Mit Texten sollte es genauso sein: Wenn ein Autor mit vier oder fünf Informationen einen Satz überfrachtet, dann weiß der Leser anschließend nicht mehr, was er gelesen hat. So ging es mir mit dem folgenden Beispiel. Es ist ein Auszug aus dem Brief einer Hausverwaltung:

> Wir behalten uns vor, neben den in der Abrechnung berechneten Kosten weitere Nachforderungen geltend zu machen, sofern nachträglich erhebliche Abrechnungsfehler festgestellt werden oder aus Gründen, die wir nicht zu vertreten haben, berechtigte Nachforderungen von dritter Seite gestellt werden und wir diese Betriebskostenabrechnung daher korrigieren müssen.

Nebensätze sind notwendig und sinnvoll, wenn sie die Satzaussage ergänzen oder näher erläutern. »Ich habe einen Mann gesehen« ist eine Aussage, aber nicht der Rede wert. Ich sehe jeden Tag mehrere Männer, und andere Menschen sehen auch mehrere Männer. »Ich habe einen Mann gesehen, der zaubern kann« ist dagegen eine interessante Information. Erst der Nebensatz macht die Aussage interessant. Ein Nebensatz ist nicht schädlich, wenn es ein Nebensatz hinter dem Komma bleibt.

Schwieriger wird es, wenn der Nebensatz zwischen zwei Kommas in die Satzaussage eingeschoben wird:»Ich habe einen Mann, der zaubern kann, gesehen.« Dann ist aus dem Nebensatz bereits ein Schachtelsatz geworden. Das ist in dieser Form noch erträglich, aber nicht mehr schön und auch nicht nötig.

Es geht noch viel verwirrender. Das passiert, wenn Autoren eine Aussage anfangen, zusätzliche Informationen in Schachtelsätzen einschieben und mit Nebensächlichkeiten garnieren – bis am Ende die Auflösung kommt, aber niemand mehr weiß, womit der Satz begonnen hatte.

> Schachtelsätze sind schädlich. Versuchen Sie nicht, mehrere Gedanken oder Aussagen in einen Satz zu pressen.

Das sieht dann zum Beispiel so aus:»Ich habe einen von niemandem beachteten Mann, der zaubern kann, während er mit seinen Ohren, die größer als seine Hände waren, wackelte, gesehen.«

Schachtelsätze mit einem eingeschobenen Nebensatz sind schwierig zu verstehen. Schon hier ist Vorsicht geboten. Schachtelsätze mit mehreren, ineinander geschobenen Nebensätzen sind für den Leser allerdings eine Zumutung. Eingeschobene Informationen lassen sich übrigens nicht nur zwischen zwei Kommas finden. Schachtelsätze können auch entstehen, wenn Nebensätze in Klammern oder zwischen zwei Bindestriche geschrieben werden.

Dazu kommen ergänzende Informationen, oft versteckt in erweiterten Adjektiven, die aus einem Partizip-Perfekt gebildet werden. Im letzten Beispiel gab es »einen von niemandem beachteten Mann«. Die Information, dass der Mann von niemandem beachtet wird, ist auch eine interessante Aussage – und einen eigenen Satz wert.

Hinter solchen Satzstrukturen steckt der Versuch, um jeden Preis mehrere Gedanken oder Aussagen in einen Satz zu pressen. Irgendwie gelingt das. Aber der Preis ist hoch: Der Satz wird überfrachtet, der Leser kann den Satz nicht verstehen, und die Aussagen gehen unter. Verstärkt werden die Probleme eines umständlichen Satzbaus durch überflüssige Wörter, aufgeblähte Redewendungen oder Spagatverben.

Dagegen kann man etwas tun. Übersichtlich wird ein Satz, wenn Sie sich für den Satzbau an diesen Regeln orientieren:

● Schreiben Sie grundsätzlich für jeden Gedanken oder jede Aussage einen eigenen Satz.
● Packen Sie das wichtigste, die Hauptaussage in den Hauptsatz.
● Erläuterungen und Ergänzungen gehören in den Nebensatz. Der Nebensatz steht vor oder nach einem Komma, vor oder nach der Hauptaussage, aber nicht eingeschachtelt im Hauptsatz.
● Prüfen Sie, ob alle Wörter notwendig sind.

Wenn Sie sich an diese Regeln halten, sind Ihre Sätze verständlich. Aber das gelingt nicht immer beim ersten Entwurf. Das Überarbeiten eines Textes ist der Alltag eines Schreibers. Wenn Sie den ersten Entwurf geschrieben haben, sollten Sie jeden Satz prüfen: Ist er klar und verständlich strukturiert? Wenn der Satzbau unübersichtlich geworden ist, können Sie etwas dagegen tun. Sie haben mehrere Möglichkeiten, einen Satz umzubauen.

Erste Möglichkeit: Packen Sie die Hauptaussage in den Hauptsatz. Und beenden Sie den Satz.

Das ist sinnvoll, wenn die Aussage im eingeschobenen Nebensatz bedeutungslos ist. Oder wenn die Hauptaussage im Nebensatz steht, der Hauptsatz jedoch keine wichtige Information gibt. Ein Beispiel:

 Die drei Jugendlichen, die gestern im Stadtwald eine Leiche fanden, essen gerne Nudeln.

Niemanden interessiert, dass die Jugendlichen gerne Nudeln essen. Schreiben Sie besser:

 Drei Jugendliche fanden gestern im Stadtwald eine Leiche.

Schachtelsätze lassen sich vermeiden. Bilden Sie für jede Aussage einen eigenen Satz. Das Wichtigste gehört in den Hauptsatz, Erläuterungen stehen im Nebensatz.

Zweite Möglichkeit: Hängen Sie einen Einschub als Nebensatz an.

Diese Möglichkeit bietet sich an, wenn die Hauptaussage durch den eingeschobenen Nebensatz unterbrochen wird. Die Information im Nebensatz soll aber erhalten bleiben, weil sie die Hauptaussage erläutert oder ergänzt. Wie in diesem Beispiel:

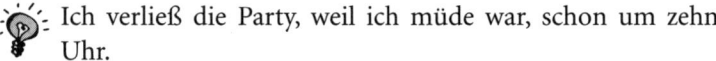 Ich verließ die Party, weil ich müde war, schon um zehn Uhr.

Übersichtlicher ist der Satz, wenn Sie schreiben:

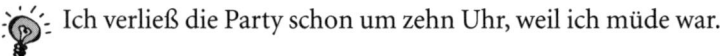 Ich verließ die Party schon um zehn Uhr, weil ich müde war.

Dritte Möglichkeit: Machen Sie einen Doppelpunkt.

Mit einem Doppelpunkt können Sie die Hauptaussage elegant verbinden mit einer Aufzählung oder einer zweiten Aussage, die sich auf die Hauptaussage bezieht. Dadurch wird ein umständlicher Satzbau einfach und klar. Umständlich ist:

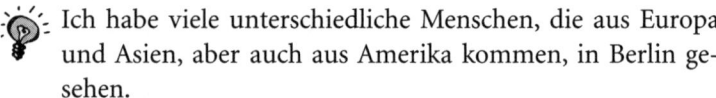 Ich habe viele unterschiedliche Menschen, die aus Europa und Asien, aber auch aus Amerika kommen, in Berlin gesehen.

Mit dem Doppelpunkt wird die Aussage übersichtlich:

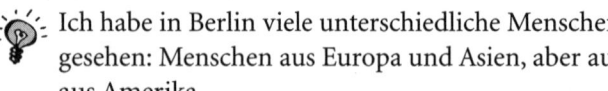 Ich habe in Berlin viele unterschiedliche Menschen gesehen: Menschen aus Europa und Asien, aber auch aus Amerika.

Vierte Möglichkeit: Machen Sie einen Punkt.
Und bilden Sie mehrere Sätze.

Ein Punkt beendet einen Satz, nicht den Text. Deshalb sind Punkte nicht schädlich. Niemand hört bei einem Punkt auf zu lesen, wenn der Text weitergeht. Mehrere Informationen in einem Satz verderben ihn jedoch. Nicht jede Aussage steht für sich. Dann muss man sie mit zusätzlichen Informationen erklären. Aber bitte nicht so:

> Durch die verzögerte Lieferung von Ersatzteilen, die wir von einem Hersteller beziehen, der seinen Sitz in Frankreich hat, wo in dieser Woche gestreikt wird, können wir die Reparatur an ihrem Wagen erst zu einem späteren Zeitpunkt durchführen.

Die wichtigste Aussage gehört in den ersten Satz. Nach einem Punkt folgen die Erklärungen in mehreren eigenen Sätzen. Der Leser freut sich vielleicht trotzdem nicht; aber er versteht Sie, wenn Sie schreiben:

> Wir können ihren Wagen leider erst später reparieren, weil die Ersatzteile noch nicht hier sind. Wir bekommen sie von einem Hersteller in Frankreich. Dort wird in dieser Woche jedoch gestreikt.

Fünfte Möglichkeit: Ändern Sie die Reihenfolge der Aussagen.

Es ist gut, eine Aussage *auf* den Punkt zu bringen. Damit sollte man jedoch nicht warten, bis man direkt *vor* dem Punkt angekommen ist. Sonst besteht die Gefahr, dass der Leser mit Aufzählungen und Nebensächlichkeiten gelangweilt wird und aussteigt. In diesen Fällen sollten Sie einen Satz umbauen. Das gilt auch für dieses Beispiel:

> Vertreter verschiedener Parteien wie der Auricher SPD-Vorsitzende Focko Janssen, der Kreistagsabgeordnete Werner Dirksen aus Norden (CDU), Manfred Jakobs von der FDP-Fraktion im Gemeinderat Plaggenburg und der Grüne Willi Harms,

MdL, stellten gestern Vormittag im Störtebeker-Gymnasium in Aurich die politischen Konzepte ihrer Parteien in der Umweltpolitik bei den anwesenden Schülern zur Diskussion.

Noch besser wird dieser Satz, wenn er nicht nur umgebaut, sondern auch neu formuliert wird. Etwa so:

> Politiker zum Anfassen im Auricher Störtebeker-Gymnasium: Vertreter verschiedener Parteien diskutierten gestern mit den Schülern über Umweltpolitik. An der Diskussion beteiligten sich Focko Janssen (SPD Aurich), Werner Dirksen (CDU Norden), Manfred Jakobs (FDP Plaggenburg) und Willi Harms (Bündnis 90/Die Grünen).

In der nebenstehenden Übung finden Sie schlechte Sätze, deren Satzbau auf verschiedene Arten misslungen ist. Bauen Sie die Sätze um. In einigen Fällen empfiehlt es sich, auch einzelne Wörter zu ändern oder zu streichen. Decken Sie während der Übung meine Änderungsvorschläge zu. Sie stehen wieder in der rechten Spalte.

Ketten sprengen

Schachtelsätze sind mühsam zu lesen. Aber auch der Schreiber hat es nicht leicht: Man muss sich konzentrieren, um mit 40 Wörtern einen Satz zu schreiben, der vier Aussagen in Haupt- und Nebensätzen verschachtelt. Einfacher ist es, die einzelnen Informationen wie die Glieder einer Kette aneinander zu reihen. So wie bei der folgenden Ankündigung einer Veranstaltung:

> Der Verband der Metallindustriellen des Nordwestlichen Niedersachsens e.V. (abgekürzt: Nord-West-Metall) veranstaltet am kommenden Mittwoch, dem 13. November, in der Zeit von 17 bis 21 Uhr im Kulturzentrum Pumpwerk in Wilhelmshaven zum Thema »www.gegenmacht.de – die zukünftige Gestaltung der kollektiven Arbeitsbeziehungen« ein Unternehmerforum.

Übung: Verbesserungen

Schreiben Sie statt ...	... besser:
Die Parteien in Deutschland, zu denen ich nicht nur die großen wie CDU, CSU und SPD zähle, sondern auch kleinere wie die Grünen, die FDP, aber auch die PDS, nehmen hinsichtlich ihrer Mitgliederentwicklung seit vielen Jahren eine negative Entwicklung.	Die Parteien in Deutschland schrumpfen. Davon betroffen sind nicht nur CDU, CSU und SPD. Immer weniger Mitglieder haben auch die kleineren Parteien PDS, FDP und die Grünen. Dieser Trend hält seit vielen Jahren an.
Die junge Frau, die schneller rennt als jeder Leopard, isst gerne Bratwurst.	Die junge Frau rennt schneller als jeder Leopard. Kurios: Sie isst gerne Bratwurst.
Die Bearbeitung Ihres Antrags, der versehentlich im Büro des Bürgermeisters landete, der zwei Wochen lang in Urlaub war, wird unverzüglich nachgeholt.	Wir bearbeiten Ihren Antrag sofort. Er war versehentlich im Büro des Bürgermeisters gelandet. Herr Müller konnte Ihren Antrag erst nach seinem Urlaub an uns weiterleiten.
Auf der diesjährigen regionalen Automesse sind wieder Opel, VW, Mercedes und Renault durch ihre Händler, die im Harz Autohäuser betreiben, vertreten.	Eine regionale Automesse gibt es auch in diesem Jahr. Autohäuser aus dem Harz zeigen ihre Modelle: von Opel und VW, von Mercedes und Renault.
Ich verursachte, weil ich einschlief, nachdem ich zu viel Alkohol getrunken hatte, eine Unfall.	Ich verursachte einen Unfall. Der Grund: Ich schlief ein, nachdem ich zu viel Alkohol getrunken hatte.
Der Brief, auf den Sie vergeblich gewartet haben, weil er von unserem Postboten, der nur aushilfsweise bei uns beschäftigt war, aus Versehen an eine andere Adresse zugestellt wurde, wurde uns von dem irrtümlichen Adressaten zurückgegeben und wird Ihnen morgen im Laufe des Tages erneut zugestellt.	Ihr Brief ist wieder aufgetaucht! Wir bringen ihn morgen zu Ihnen. Es tut uns Leid, dass Sie vergeblich auf den Brief gewartet haben. Er wurde aus Versehen an eine falsche Adresse zugestellt. Auch Postboten machen Fehler. Aber wir tun alles, damit das nicht wieder passiert.

Es ist verhältnismäßig einfach, eine solche Kette zu basteln. Der Autor arbeitet seine Informationen der Reihe nach ab. Und setzt erst einen Punkt, wenn er alles aufgezählt hat. Wie Schachtelsätze entstehen auch Ketten, wenn man versucht, möglichst viele Informationen in einen Satz zu stopfen. Dafür gibt es nur einen Grund: Die Gedanken und Informationen wurden vor dem Schreiben nicht sortiert. Ohne Ordnung im Kopf ist das Ergebnis

- eine ermüdende Reihe von Halbsätzen, die mit »dass« beginnen,
- eine steife Ansammlung von Hauptwörtern,
- eine anstrengende Folge von Nebensätzen, die mit Fürwörtern beginnen (das, die, den, der, dem, dessen, deren) oder
- eine Anhäufung von Präpositionen (im, am, auf, für, in, um).

Was das Schreiben erleichtert, macht es dem Leser schwer. Ketten machen einen Satz eintönig, einschläfernd und schwer verständlich.

Schädlich für das Verständnis sind auch Ketten: Anhäufungen von Hauptwörtern, Präpositionen, Fürwörtern oder Halbsätzen, die mit »dass« beginnen.

Genau wie Schachtelsätze sind Ketten unfreundlich gegenüber dem Leser. Deshalb sollten Sie vor dem Schreiben gründlich überlegen: Was will ich sagen? Was ist meine wichtigste Aussage? Welche Informationen braucht der Leser? Wenn Sie feststellen, dass Sie eine Kette gebaut haben, dann hilft nur eins: Sprengen Sie die Kette. Lösen Sie den Satz auf und bilden Sie mit den einzelnen Aussagen eigene Sätze (s. Übung S. 85). Dafür stehen Ihnen alle Möglichkeiten bereit, mit denen Sie auch einen umständlichen Satzbau reparieren können.

Gute Sätze auf einen Blick

Gute Worte sind ein guter Anfang. Aber auch viele gute Worte helfen dem Leser nicht, wenn er sich durch überladene, verschachtelte Sätze quälen muss, um einen Text zu verstehen. Gute Sätze sind das Gerüst, mit dem Sie guten Worten eine angemessene Form geben. Gute Sätze sind klar, einfach und übersichtlich strukturiert.

Übung: Verbesserungen

Schreiben Sie statt ...	... besser:
Die Kurverwaltung Esens-Bensersiel hat zusammen mit 278 anderen Gemeinden und Einrichtungen an dem zum ersten Mal von der Deutschen Gesellschaft für Freizeit und Tourismus veranstalteten Wettbewerb »Touristische Angebote« teilgenommen und dabei eine Urkunde als Auszeichnung für Kundenfreundlichkeit erhalten.	Eine Urkunde belegt: Die Angebote für Touristen in Esens-Bensersiel sind kundenfreundlich. Die Kurverwaltung hatte an einem Wettbewerb der Deutschen Gesellschaft für Freizeit und Tourismus teilgenommen – zusammen mit fast 300 Gemeinden und Einrichtungen.
Ich habe dir bereits am Telefon gesagt, dass deine Vermutung nicht richtig ist, dass ich gegenüber deinem Chef die Behauptung vertreten habe, dass du deine Arbeit nicht gut machst.	Ich habe deinem Chef nicht gesagt, dass du deine Arbeit schlecht machst. Deine Vermutung ist falsch. Das habe ich dir bereits am Telefon gesagt.
Die Eier, die ich bei einem Bauern gekauft habe, der in dem Dorf wohnt, das ich letzte Woche besucht habe, sind lecker.	Die Eier sind lecker. Ich habe sie bei einem Bauern gekauft. Er wohnt in dem Dorf, das ich letzte Woche besucht habe.
Für die Wahl eines neuen Vorstands und einen Rückblick auf die letzten zwei Jahre lade ich Sie zur Mitgliederversammlung am Freitag um 20 Uhr im großen Saal im Hotel Meyer ein.	Ich lade Sie ein zur Mitgliederversammlung. Wir wählen einen neuen Vorstand und diskutieren, was wir in den letzten zwei Jahren erreicht haben. Die Versammlung beginnt am Freitag um 20 Uhr: im großen Saal des Hotels Meyer.
Der Kiosk, der an der Straße stand, die in das Dorf führt, in dem meine Freundin wohnt, die ich jeden Tag besuche, ist abgebrannt.	Der Kiosk ist abgebrannt, an dem ich jeden Tag vorbeifahre. Er stand an der Straße nach Stahnsdorf. Dort wohnt meine Freundin.
Wir trinken am Samstag nach dem Spiel um 19 Uhr bei Beppo in Witten ein Glas Sekt auf seinen Geburtstag.	Beppo hat Geburtstag. Darauf trinken wir am Samstag nach dem Spiel ein Glas Sekt. Wir treffen uns um 19 Uhr bei Beppo in Witten.
Das Gericht traf die Entscheidung, dass der Beklagte nicht mehr sagen darf, dass der Kläger alkoholabhängig ist.	Das Gericht hat entschieden: Der Beklagte darf nicht mehr sagen, dass der Kläger alkoholabhängig ist.

Grundsätzlich gilt: Kurze Sätze sind gut. Das gilt aber nicht immer. Eine Höchstzahl von Wörtern lässt sich nicht festlegen. Es gibt gute lange Sätze und schlechte kurze Sätze. Nur gute Sätze schreiben Sie, wenn Sie beachten:

- Wichtiger als die Zahl der Wörter ist eine übersichtliche Satzstruktur.
- Wer Ordnung im Kopf hat, bevor er schreibt, schafft auch Ordnung auf dem Papier.
- Damit der Text einen Rhythmus bekommt, sollten einfache kurze Sätze abwechseln mit Sätzen, die einen Nebensatz haben.

Sätze werden kompliziert, wenn zu viele Informationen zwischen zwei Punkte gequetscht werden. Ein Schachtelsatz entsteht, wenn ein Nebensatz den Hauptsatz unterbricht: zwischen zwei Kommas, in Klammern oder zwischen Bindestrichen. Dann hat es der Leser unnötig schwer. Und er hat kaum eine Chance, den Satz zu verstehen, wenn mehrere Nebensätze ineinander verschachtelt sind. Das können Sie verhindern:

- Packen Sie in jeden Satz nur einen Gedanken oder eine Aussage.
- Das Wichtigste gehört in den Hauptsatz.
- Ergänzungen stehen im Nebensatz: vor oder nach der Hauptaussage, aber nicht eingeschachtelt im Hauptsatz.
- Streichen Sie überflüssige Wörter.

 Schaffen Sie Ordnung: erst im Kopf und dann auf dem Papier. Überarbeiten Sie den Text, wenn der Satzbau misslungen ist.

Der erste Entwurf eines Textes ist nicht die endgültige Fassung. Sie haben mehrere Möglichkeiten, wenn Sie merken, dass ein Satzbau misslungen ist:

- Packen Sie die Hauptaussage in den Hauptsatz – und beenden Sie den Satz, wenn der Rest unwichtig ist. Hängen Sie einen eingeschobenen Satz als Nebensatz an, wenn die Information die Hauptaussage erläutert oder ergänzt.

- Machen Sie nach dem Hauptsatz einen Doppelpunkt. Damit kündigen Sie geschickt an, dass eine Aufzählung oder Hinweise folgen, die sich auf die Hauptaussage beziehen.
- Machen Sie einen Punkt nach dem Hauptsatz. Und bilden Sie mehrere Sätze aus den Aussagen, die in einen Satz gequetscht sind. Wenn nötig, ändern Sie die Reihenfolge der Aussagen: Das Wichtigste gehört in den ersten Satz.

Auch Ketten sind eine lästige Hürde, wenn Leser einen Text verstehen sollen. Ketten entstehen, wenn mehrere Nebensätze mit »dass« oder Fürwörtern beginnen und durch eine Häufung von Hauptwörtern oder Präpositionen. Deshalb:

- Sprengen Sie Ketten und zerlegen Sie die Sätze in ihre Teile. Machen Sie aus den einzelnen Aussagen eigene, übersichtliche Sätze.

Der folgende Text stammt aus einem Handbuch mit Musterreden. Das Thema hier ist die Einweihung eines neuen Gebäudes. In diesem Beispieltext finden Sie umständliche Sätze und steife, langweilige Begriffe. Sie können in dieser längeren Übung also Wortwahl und Satzbau trainieren.

Hinter dem Text finden Sie meinen Vorschlag. Ich habe mich nah an die Aussagen des Textes gehalten. Stellen Sie sich vor, dass der Text ein Entwurf ist, den Sie als Redakteur überarbeiten müssen. Bauen Sie die Sätze um, streichen Sie überflüssige Wörter und Redewendungen, nutzen Sie möglichst anschauliche Begriffe.

Übung: Verbesserungen

Die besonders in den letzten Monaten reichlich strapazierte Geduld meiner Kolleginnen und Kollegen findet heute ein freudiges Ende. Unser Erweiterungsbau ist endlich fertig. Und er ist nach meiner Einschätzung, die sich mit der vieler meiner Kolleginnen und Kollegen deckt, gut geworden. So mancher von uns hat die Geduld nur durch seine Vorfreude auf neue, moderne Arbeitsplätze behalten können. Ich möchte nicht fragen, wie oft der eine oder andere diese Bauarbeiten während der vergangenen Monate insgeheim verwünscht hat. Und dennoch: Die Bauarbeiter mögen durch meine Rede nicht den Eindruck gewinnen, sie seien bei uns nicht willkommen gewesen. Wir haben keinen Anlass, Ihnen vorzuwerfen, uns zu viel Lärm beschert zu haben. Wir haben aber Anlass, uns bei Ihnen für Ihre gute und – wie ich finde – auch zügige Arbeit zu bedanken.

Der Erweiterungsbau entspricht den Vorstellungen der Beschäftigten. Für den Personalrat werden zwar noch ein paar harte Tage kommen, in denen diese neuen, den heutigen Anforderungen entsprechenden Arbeitsräume auf die Kolleginnen und Kollegen verteilt werden. Es ist allzu verständlich, dass nach den Zeiten des Wartens und Ertragens nun die Hoffnung besteht, einen dieser neuen Räume als Arbeitsplatz zugewiesen zu bekommen.

Der vor uns stehende Bau dürfte vielen Kolleginnen und Kollegen in ihren ästhetischen Ansprüchen gerecht werden. Ich möchte deshalb namens der Beschäftigten Ihnen allen, die Sie mit den Bauarbeiten betraut waren, unsere Anerkennung übermitteln und herzlich Dank sagen.

Schreiben Sie besser:

Heute ist kein Feiertag, aber ein Tag zum Feiern: Unser Erweiterungsbau ist fertig. Und er ist gut geworden. Das sehe ich so – und auch viele meiner Kolleginnen und Kollegen. Wir sind froh, dass der Erweiterungsbau fertig ist. Vielleicht hat der eine oder andere von uns die Bauarbeiten sogar insgeheim verwünscht. Und nur deshalb die Geduld behalten, weil er sich auf einen neuen, modernen Arbeitsplatz gefreut hat.

Dennoch: Die Bauarbeiter waren uns willkommen. Ihnen sage ich: Sie haben nicht zu viel Lärm verursacht. Sie haben gut und zügig gearbeitet. Dafür danke ich Ihnen. Denn das Warten hat sich gelohnt: Der Erweiterungsbau ist so geworden, wie wir ihn erwartet haben. Ich bin sicher, dass dieser Bau vielen Kolleginnen und Kollegen gefällt. Auch im Namen der Beschäftigten danke ich deshalb allen, die auf dem Bau gearbeitet haben.

Jetzt kommen anstrengende Tage für unseren Personalrat. Wir müssen die neuen Arbeitsräume auf die Kolleginnen und Kollegen verteilen. Es ist verständlich, dass jeder einen dieser modernen Räume als Arbeitsplatz haben möchte. Schließlich haben wir lange genug darauf gewartet.

Vorsicht Tellerränder, Scheuklappen und andere Phrasen

In der letzten Übung tauchten bereits einige Formulierungen auf, die uns in diesem Abschnitt beschäftigen. Ich meine:

- ein freudiges Ende;
- Vorfreude auf neue, moderne Arbeitsplätze;
- entspricht den Vorstellungen der Beschäftigten;
- Zeiten des Wartens und Ertragens;
- ästhetischen Ansprüchen gerecht werden;
- unsere Anerkennung übermitteln.

Solche Formulierungen haben viele Nachteile. Sie sind blumig, abstrakt, hohl und nichts sagend. Damit sind sie Gift für gute Texte. Wie Alkohol die Sinne benebelt, so benebeln Phrasen den Leser oder Hörer mit dem Wort gewordenen Nichts. Damit ist niemandem gedient.

Phrasen und Schwulst sind Gift für gute Texte. Wer wirklich etwas zu sagen hat, kann darauf verzichten.

Allerdings sind Phrasen beliebt. Und weil sie oft gebraucht werden, werden sie schließlich immer wieder gebraucht und damit zum festen Bestandteil des Wortschatzes. Wer schreiben muss, aber nichts zu sagen hat, weicht aus auf Phrasen. Oder er malt mit Worten blumige Bilder, flüchtet sich in Schwulst und behauptet, was niemand abstreiten kann, weil es immer stimmt. Dahinter steckt nicht immer böse Absicht, sondern vielleicht nur Gewohnheit.

Meistens fallen Phrasen gar nicht auf. Denn an viele Phrasen haben wir uns inzwischen gewöhnt, nicht nur als Schreiber und Redner, sondern auch als Leser und Hörer. Über die meisten Formulierungen denken wir nicht mehr nach. Wir benutzen sie einfach. Und dabei kann das herauskommen, was ein Reporter zu berichten wusste: »Delfine sind wilde Tiere. Sie gehören in den Ozean. Und dort herrscht noch immer das Gesetz des Dschungels.«

Besonders beliebt sind Phrasen, wenn es gilt, einen Menschen zu beschreiben. Jubiläen, Verabschiedungen, eine Pensionierung oder der Geburtstag: Es gibt viele Anlässe, Menschen und ihre Leistungen zu würdigen. Das ist nicht immer leicht. Manchmal kennt man den Jubilar kaum, oder man weiß nicht, wie man sich ausdrücken soll. Und schließlich will man gerade bei solchen Anlässen niemandem wehtun. Das folgende Grußwort hat sicher nicht wehgetan:

Eine Ära geht zu Ende – eine Arbeit im Einsatz für die Interessen der Arbeitnehmerinnen und Arbeitnehmer. Die Kontinuität seiner jahrelangen Arbeit hat Alfred Schulz zu einer Institution werden lassen. Für ihn ist das Engagement als Betriebsratsvorsitzender nicht nur Beruf, sondern Berufung. Auf Alfred Schulz konnte man sich verlassen.

Seine Geradlinigkeit wird von allen geschätzt. Alfred Schulz ist immer engagiert in der Sache und beweist Stehvermögen. Dabei ist er jederzeit fair im Umgang. Mit Augenmaß und Weitblick setzt er sich für die Interessen der Beschäftigten ein. Sein Ziel ist nie der faule Kompromiss, sondern ein gerechter Interessenausgleich. Er weiß: Nur im Konsens lassen sich Fortschritte erzielen. Sein Markenzeichen ist der klare, realistische Blick für das Mögliche. Und das strebt er dann mit Geduld, Beharrlichkeit und Entschlossenheit an.

Das kann man nur, wenn man in der Lage ist, über den eigenen Tellerrand hinauszugucken. Alfred Schulz kann das. Er ist stets offen für Denkanstöße. Das zeichnet ihn aus. Alfred Schulz kennt die Sicht der Betroffenen. Er weiß, wo ihnen der Schuh drückt, spricht ihre Sprache, ohne jemandem nach dem Mund zu reden. Er kann die Leute abholen, wo sie stehen. Alfred Schulz hat Maßstäbe gesetzt. Menschen wie er machen unseren Sozialstaat zu einer lebendigen Gemeinschaft.

Man kann es so schreiben. Allerdings sollte man es lieber nicht. Denn wenn Sie Satz für Satz studieren, werden Sie merken: Den Text hat jemand geschrieben, der Alfred Schulz nicht kannte. Deshalb hat er sich mit Phrasen und Floskeln gerettet, die für jeden passen, wenn man jemanden gut darstellen will.

Verführerisch und vertraut, aber riskant und selten originell

Trotzdem sind Phrasen beliebt; und im ersten Moment freuen sich viele Menschen, wenn sie ein Kompliment erhalten – auch wenn es nur eine leere Phrase ist. Wenn wir aber darüber nachdenken, dann fällt uns auf, dass eigentlich nichts gesagt wurde. Warum sind Phrasen dennoch so gebräuchlich?

- Viele Phrasen sind verführerisch, weil sie bildhaft sind. Es sind falsche Bilder, aber es sind Bilder. Und wir freuen uns, wenn wir etwas sehen.
- Phrasen sind uns vertraut. Deshalb fühlen wir uns wohl, wenn wir Phrasen lesen oder wenn wir sie selbst nutzen.
- Weil Phrasen bekannt sind, gehen wir davon aus, dass sie verstanden werden. Und in der Tat: Sie werden wieder erkannt.

Das spricht vordergründig für Phrasen und Floskeln. Schließlich sollen Texte verständlich sein. Und ich habe vorhin geschrieben, dass wir über viele Phrasen nicht mehr nachdenken, weil wir uns an sie gewöhnt haben. Vielleicht ist es ja auch gut, wenn man über eine Aussage nicht mehr nachdenken muss. Warum also sollte man trotzdem auf Phrasen verzichten? Aus dem gleichen Grund: Weil viele nicht mehr darüber nachdenken. Sie denken nicht darüber nach, weil es nichts zu bemerken, nichts festzustellen gibt.

Ich kenne nur einen guten Grund, Phrasen zu benutzen. Manchmal sind Phrasen die Rettung in der Not. Nutzen Sie Floskeln, wenn Sie einen Auf-

Wir lesen und hören täglich Phrasen – und haben uns an viele gewöhnt. Phrasen sind jedoch nichts sagend. Wer etwas zu sagen hat, sollte schreiben, was er meint.

satz über Wirtschaftspolitik schreiben *müssen*, aber keine Ahnung davon haben. Dann freuen sich alle, wenn Sie eine Senkung der Lohnnebenkosten verlangen, Mut zu Reformen einklagen, Besitzstandswahrer anklagen und darauf hinweisen, dass wir doch alle in der Zukunft ankommen wollen. Und vor allem: Arbeit muss sich wieder lohnen.

Brauchen Sie mehr Phrasen? Dann schauen Sie Talkshows. Sie hören dort Politiker und Funktionäre, die nicht verraten wollen, was sie vorhaben. Oder die selbst nicht wissen, was sie sagen. Politiker kommen ohne Phrasen nicht mehr aus. Aber der deutsche Phrasenschatz kommt auch ohne Politiker nicht mehr aus.

Unsere Volksvertreter gehören zu den Erfindern zweifelhafter Phrasen und Vergleiche. Ich wünsche Ihnen, dass Sie nur selten über ein Thema schreiben müssen, von dem Sie nichts verstehen. Dann können Sie meistens auf Phrasen verzichten. Mit gutem Grund:

- **Phrasen sind ein Zeichen von Unsicherheit, aber auch von Denkfaulheit.** In schwierigen Situationen greift man gern auf Phrasen zurück, zum Beispiel wenn jemand stirbt. Schnell heißt es dann, dass man »ein ehrendes Andenken bewahren« wird. Das ist aber so oft gebraucht worden, dass es mittlerweile nichts sagend ist und eher nach Pflichtbewusstsein klingt. Wer mich schätzt, wird sich gern an mich erinnern. Das reicht mir. Aber nicht nur für eine Todesanzeige sind Phrasen unangemessen. Denn sie zeigen auch, dass der Autor bequem ist.
- **Phrasen sagen meistens nichts.** Wer Phrasen drischt und schwülstig schreibt, hinterlässt den Eindruck, dass er nichts zu sagen hat. Dann fragt sich der Leser, warum der Autor überhaupt schreibt und ihm seine Zeit stiehlt. Denn auch wenn der Leser nicht über eine Phrase nachdenkt: Ihm bleibt das Gefühl, dass es nichts Nennenswertes mitzuteilen gibt. Überlegen Sie also gut, ob und was Sie sagen wollen, bevor Sie anfangen zu schreiben.
- **Phrasen sind abgedroschen.** Niemand interessiert sich für eine Geschichte, die er schon zehnmal gehört hat. Mit Phrasen ist es nicht anders: Man überliest sie leicht, als ob sie nicht geschrieben wurden. Phrasen sind für alles gültig – und für nichts. Niemand glaubt sie, weil jeder sie schon zigmal gelesen hat. Wenn Sie aber einfach und originell schreiben, wird Ihr Text gelesen.
- **Phrasen können Missverständnisse verursachen.** Phrasen werden wieder erkannt – aber nicht unbedingt verstanden. Denn

nicht jeder versteht Sprichwörter, Floskeln oder Redewendungen gleich. Jeder glaubt, dass er sie versteht. Aber niemand setzt sich damit auseinander, was sie bedeuten. Nennen Sie die Dinge lieber beim Namen. Auch das ist eine Floskel. Also: Schreiben Sie klar und verständlich, was Sie meinen. Dann versteht Sie jeder.

● Phrasen können falsche Bilder schaffen. Phrasen enthalten oft Bilder. Peinlich werden die Bilder, wenn sie nicht passen. Krumme Bilder entstehen besonders leicht, wenn mehrere Phrasen kombiniert werden. So kommt es vor, dass einige bis zum Abwinken auf die Pauke hauen. Dann ist der Euro ein Pfund, mit dem man wuchern kann. Oder die Kuh ist vom Eis, nachdem sich der Pulverrauch verzogen hat.

Nicht jede Phrase passt in jeder Situation. »Danke, gleichfalls« ist eine freundliche Antwort, wenn Ihnen jemand ein schönes Wochenende wünscht. Die gleiche Antwort klingt unfreundlich oder ungewollt komisch, wenn der Zusammenhang nicht passt.

 Das war der Fall, als eine Sängerin von einem Moderator das Kompliment bekam: »Sie sind eine wunderbare Frau.« Ihre Antwort: »Danke, gleichfalls.«

Phrasen können grotesk werden, wenn der Autor sie schreibt und nicht darüber nachdenkt, was er schreibt. So entstand ungewollt ein krummes Bild, als ein Abteilungsleiter an seine Mitarbeiter schrieb:

 »Die Einführung unseres neuen Computer-Programms steht in den Startlöchern.«

In einem Loch kann allerdings niemand stehen. Deshalb heißt die Floskel: in den Startlöchern sitzen. Aber eine Einführung sitzt auch nie in den Startlöchern. Selbst ein Computer-Programm steht oder sitzt dort nicht. Sie ahnen, was der Verfasser mitteilen wollte. Aber das Ergebnis ist ein schiefes Bild.

Es gelingt nicht immer, Phrasen zu vermeiden. Und manchmal beschreibt ein Bild tatsächlich einen Menschen, eine Situation oder eine Stimmung treffend. Dann ist eine Phrase erlaubt. Aber sie sollte die Ausnahme sein, nicht die Regel. Eine Floskel auf einer Seite ist verzeihlich – wenn sie passt! Das heißt: wenn das Bild stimmt, anschaulich ist und verstanden wird. Fünf Floskeln auf einer Seite sind zu viel; zehn sind eine Zumutung.

Natürlich kann man mit Phrasen spielen, um überraschende Wirkungen zu erzielen. Originell ist:»Gestern standen wir am Abgrund. Heute sind wir einen Schritt weiter.« Aber Vorsicht: Das erfordert Sprachgefühl und gelingt nicht immer. Und auch ein gutes Wortspiel nutzt sich ab, wenn es oft gebraucht wird und einen festen Platz in der Umgangssprache bekommt. Der Spruch mit dem Abgrund ist ein Beispiel dafür.

> **Phrasen sind selten originell. Vermeiden Sie Floskeln, wenn möglich, und prüfen Sie jedes Bild, ob es stimmig ist.**

Phrasen vermeiden, Bilder prüfen

Wer mit Phrasen spielt, geht ein Risiko ein. Die Maßstäbe sind streng, die Schmerzgrenze ist niedrig. Überschritten wurde die Schmerzgrenze in dem folgenden Beispiel aus der Tierheim-Seite einer Zeitung, in der Tiere vorgestellt werden.

Hier wird ein Hund beschrieben, der bald blind wird:»Wer gibt diesem noch jungen hübschen Tier die Möglichkeit, trotz der zu erwartenden Dunkelheit in seinem Leben, auch ein wenig Licht am Ende des Tunnels zu sehen?«

Solche Beispiele mahnen: Verzichten Sie in der Regel auf Phrasen, Sprichwörter, Floskeln und Redewendungen. Was Sie meinen, können Sie meistens anders formulieren. Schreiben Sie lieber eine Phrase zu wenig als eine zu viel. Verlangen Sie von niemandem, dass er über seinen Schatten springen soll: Er wird es nicht schaffen. Aber Sie können ihn auffordern, etwas zu tun, was er noch nie getan hat.

Ich mag Bilder und Wortspiele. Allerdings sind sie riskant. Ich kann deshalb nur empfehlen, Sprichworte sparsam einzusetzen. Mit viel Sprachgefühl gelingt ein Wortspiel. Aber es muss passen und originell sein. Sonst verpufft die Wirkung. Wer beeindrucken will, aber ein schiefes Bild wählt, blamiert sich.

Wenn Sie im Einzelfall unsicher sind, ist es besser, auf ein Bild oder ein Wortspiel zu verzichten. Anschauliche Texte sind gut. Doch falsche Bilder wirken peinlich. Bevor Sie mit Worten Bilder malen, sollten Sie prüfen, ob das Bild stimmig ist. Stellen Sie sich eine Phrase einfach als Bild vor und überlegen Sie, ob das Bild passt.

Vorsicht ist auch angebracht bei Feierlichkeit. Sehr feierlich ist das Grußwort geworden, aus dem der folgende Auszug stammt:

> Möge dieses Haus für die Bevölkerung Wilhelmshavens und seiner Landschaft ein geistiges Kraftzentrum werden, eine Kanzel der Erbauung und seelischen Aufrichtung, ein Forum der geistigen Auseinandersetzung und Klärung, damit das neue Vaterland, an dem wir alle bauen, nicht nur äußerlich mit Häusern und Straßen, mit Industriewerken und Hafenanlagen wieder erstehe, sondern vor allem von innen her aus der Freiheit, Wahrhaftigkeit und brüderlichen Verbundenheit seiner Menschen wachse und neu erblühe.

Leidenschaftliche Ergriffenheit und Schwulst wirken hohl. Man kann auch mit einfachen Worten Großes sagen.

Das Zitat stammt aus einem Grußwort des niedersächsischen Kultusministers. Der Anlass war die Eröffnung des Wilhelmshavener Theaters – im Jahr 1952. Vielleicht war diese Ergriffenheit damals angemessen. Heute wirkt sie fremd und hohl, zumindest in dieser Häufung. Die Glaubwürdigkeit eines Textes leidet, wenn ein Autor mit dramatischem Eifer und gekünstelter Leidenschaft schreibt. Überzeugender wirken Sie, wenn Sie auf eine blumige, bildhafte Sprache verzichten und mit einfachen Worten Großes schreiben.

Übung: Verbesserungen

Schreiben Sie statt ...	... besser:
ins Boot holen	überzeugen
Sturm im Wasserglas	überflüssige Aufregung
die vier Grundrechenarten beherrschen	verstehen, wie die Wirtschaft funktioniert
aufeinander zugehen	versuchen, den anderen zu verstehen
offen sein für Denkanstöße	mit Vorschlägen auseinander setzen
ein Pfund, mit dem man wuchern kann	zu Recht stolz sein auf
den Karren aus dem Dreck ziehen	ein Problem lösen
ausgewogenes Verhältnis von Einnahmen und Ausgaben	man kann nur so viel ausgeben, wie man einnimmt
Lösung des Gesamtproblems	wir können das Problem nur lösen, wenn wir (einzelne Maßnahmen aufzählen)
unter Dach und Fach bringen	erfolgreich abschließen
die Kuh vom Eis kriegen	entscheiden; vereinbaren
Licht am Ende des Tunnels	wir hoffen, dass ...
über den eigenen Tellerrand hinausgucken	nicht nur an sich denken; beobachten, wie andere etwas tun
ohne Scheuklappen	ohne Vorurteile
Nägel mit Köpfen machen	ein Problem endlich lösen
die Kirche im Dorf lassen	nicht übertreiben
auf die lange Bank schieben	verzögern
die Weichen stellen	die Voraussetzungen schaffen
Nebelbomben werfen	ablenken
durch die Hintertür	glauben, dass niemand etwas merkt
Lawinen lostreten	es gibt viele Reaktionen
Öl ins Feuer gießen	einen Streit verschärfen
sich auf dem Holzweg befinden	sich irren
Weg in die Sackgasse	es geht nicht mehr weiter

Schnellschüsse	handeln ohne nachzudenken
den Karren vor die Wand fahren	ein Problem schaffen
jeden Tag eine andere Sau durchs Dorf treiben	ständig etwas ausdenken, mit dem man andere beschäftigt
keine Patentrezepte	es gibt mehrere Möglichkeiten, das Problem zu lösen
über den eigenen Schatten springen	etwas tun, was man noch nie getan hat
sich vor den Karren spannen lassen	sich ausnutzen lassen
bis sich der Pulverrauch verzogen hat	bis sich niemand mehr aufregt
aller Herren Länder	aller Länder
kulinarische Genüsse	leckeres Essen
nach allen Regeln der Kunst	mit allen Tricks (Kunst kennt keine Regeln)
bis zum Abwinken	bis es nicht mehr geht; bis ich nicht mehr kann
auf seine Kosten kommen	viel erleben (noch besser: anschaulich beschreiben, was Sie erleben)
auf die Goldwaage legen	genau nehmen
sich pudelwohl fühlen	sich wohl fühlen
wenn der Spuk vorbei ist	wenn es zu Ende ist
auf die Pauke hauen	feiern, tanzen, singen
Alle ziehen an einem Strang.	Alle streben das gleiche Ziel an.
Wir müssen die Suppe auslöffeln, die der Gegner uns eingebrockt hat.	Der Gegner hat das Problem verursacht. Wir müssen das Problem jetzt lösen.
Wer im Glashaus sitzt, sollte nicht mit Steinen werfen.	Wer Schlechtes tut, sollte anderen nichts vorwerfen.
Für das leibliche Wohl ist gesorgt.	Es gibt etwas zu essen und zu trinken. (Besser: Es gibt Kaffee, Tee und Kuchen, Bratwurst und Salat.)
Meine Laune ist auf dem Nullpunkt.	Meine Laune ist schlecht; schlechter kann sie nicht sein.

Texte würzen mit pfiffigen Ideen

Das Gegenteil von schlechten Phrasen sind originelle, treffende, witzige oder eindringliche Aussagen. Werbebriefe oder persönliche Glückwünsche leben davon. Und auch andere Texte können gewinnen, wenn ein bisschen mehr drin steht als nötig. Pfiffige Ideen überraschen, wecken auf, verblüffen oder erfrischen den Leser. Einfach, kurz und originell finde ich dieses Zitat: »Eines Tages wacht man auf und ist tot.« Solche Ideen beleben einen Text und unterstützen ihn.

Eine pfiffige Idee ist allerdings kein Selbstzweck. Einige Texte eignen sich nicht für Witze, Wortspiele oder originelle Bezüge. Ein kurzer sachlicher Brief sollte kurz und sachlich bleiben. Sie müssen einen Bewerber nicht unterhalten, wenn Sie ihn informieren, dass er die Stelle nicht bekommt.

> Texte können gewinnen, wenn ein bisschen mehr drin steht als nötig. Eine pfiffige Idee überrascht, weckt auf oder erfrischt den Leser.

Mit einem Feuerwerk geistreicher, origineller Aussagen können Sie den Leser unterhalten. Das ist gut, wenn Sie den Leser unterhalten wollen. Aber es ist nicht angemessen, wenn Sie ihn informieren wollen. Sie sollten gute Ideen maßvoll einsetzen, wenn Sie keine Kabarett-Texte oder Drehbücher für Komödien schreiben.

Das gilt besonders für kurze Texte: für Briefe, Pressemitteilungen oder Grußworte. Und die meisten Texte sind kurz. Sie müssen nicht um jeden Preis eine originelle Idee einbauen, wenn Ihnen nichts einfällt. Ein guter Text kommt ohne pfiffige Ideen aus, wenn er verständlich, lebendig und interessant geschrieben ist.

Pfiffige Ideen sind die Kür. Sie müssen nicht sein, aber sie würzen einen Text. Besonders bei längeren Texten helfen Sie dem Leser damit, mit seinen Gedanken am Text zu bleiben: wenn Sie ihn stutzig machen, zum Lachen bringen, verblüffen. Kurz: wenn Sie den Leser überraschen und immer mal wieder wach machen. Das gilt jedoch nur, wenn die Idee tatsächlich gut ist.

Dafür gibt es keine verlässlichen Rezepte. Und bei jeder Idee müssen Sie anschließend kritisch überlegen, ob sie tatsächlich geeignet ist. Besonders vorsichtig sollten Sie bei Ironie und Witzen sein. Wenn Sie sicher sind, dass der Leser darüber lacht, können Sie ironisch werden. Wenn Sie Zweifel haben, verzichten Sie lieber auf einen Witz. Was Sie lustig finden, muss den Leser nicht zum Lachen bringen.

Eine Anleitung für pfiffige Ideen kann es nicht geben. Ich kann Ihnen nur allgemeine Tipps geben und die einzelnen Vorgehensweisen mit Beispielen erläutern. Wenn Sie damit arbeiten, müssen Sie die Tricks auf Ihre Texte übertragen.

Pfiffige Ideen, verblüffende Aussagen oder originelle Wortspiele können entstehen, wenn Sie diese Tricks anwenden:

- **Ein Zitat einbauen und wenden.** Wenn Sie zum Geburtstag gratulieren, können Sie die Schauspielerin Katharine Hepburn zitieren: »Je älter man wird, desto mehr ähnelt die Geburtstagstorte einem Fackelzug.« Und Sie können die Klage in ihr Gegenteil verwandeln: Mit 60 Kerzen erkennt man mehr. 60 Kerzen auf der Torte sind heller als 20 oder 30 Kerzen.
- **Sprichwörter nicht nur übernehmen, sondern mit ihnen spielen.** Eine Liebeserklärung geht auch so: Ich will mit dir unter einer Decke stecken. Aber Vorsicht: Wo die Liebe hinfällt – kann sie sich verletzen. Skrupellose wissen: Der Zweck heiligt die Mittel. Doch wer heiligt den Zweck? Juristen behaupten: Vor dem Gesetz sind alle gleich. Doch was kommt danach? Bürokraten meinen: Ordnung ist das halbe Leben. Ich mag die andere Hälfte.
- **Einen Widerspruch formulieren.** Wie in dem Beispiel, das ich vorhin zitiert habe: »Eines Tages wacht man auf und ist tot.« Aus der Werbung stammt: »Sehen Sie? Sie sehen nichts mehr.« Sie können sich auch hungrig essen oder nüchtern trinken.
- **Einen Satzanfang logisch, aber überraschend fortsetzen.** Wissen Sie was? Sie können mich mal – weiter empfehlen. Nehmen Sie

sich ruhig ein Beispiel – oder gleich zwei. Machen Sie es nicht wie Arbeitssüchtige: Die haben alle Hände voll, doch nichts zu tun.

● Spielerisch Bezüge schaffen. Wenn Sie einem Schaltanlagenbauer zur Betriebserweiterung gratulieren, können Sie feststellen: »Sie haben immer gut geschaltet. Das zahlt sich aus.« Bei einem Autohändler kann eine Phrase ausnahmsweise originell sein: »Mit Ihnen bin ich immer gut gefahren.«

● Spannung erzeugen. Sie können den Leser neugierig machen, wenn Sie ein unerwartetes Ergebnis vorwegnehmen. »Plötzlich war es dunkel.« Der Leser fragt sich: wieso? Und ist gespannt, wie Sie erklären werden, dass es plötzlich dunkel war.

Ein letzter, aber der wichtigste Tipp: Prüfen Sie jedes Mal, ob der Leser Ihre Idee versteht. Oft kennen Sie den Leser nicht, sondern Sie müssen versuchen, ihn einzuschätzen.

Ein Wortspiel ist nur gut, wenn es vom Leser verstanden wird.

Eine pfiffige Idee ist nur gut, wenn sie verstanden wird. Wenn Sie daran zweifeln, sollten Sie auf die Idee verzichten. Oder sie später bei einer anderen Gelegenheit verwenden.

Bislang ging es in den Übungen darum, Wörter, Sätze oder kurze Texte zu überarbeiten. Bei der folgenden Trainingsaufgabe sollen Sie eigene, kurze Texte schreiben:

● mit einfachen, anschaulichen Begriffen,
● klar und übersichtlich strukturierten Sätzen,
● ohne Phrasen und
● mit Pfiff, wenn Sie eine Idee haben.

Übungen: Ohne Phrasen, aber mit Pfiff anschaulich und verständlich schreiben

Die folgenden Sätze sind leblos, nichts sagend und zum Teil floskelhaft. Bringen Sie mit mehreren Sätzen Leben hinein. Nehmen Sie sich ein Blatt Papier und beschreiben Sie diese Aussagen anschaulich:

- Es gab ein reges Interesse an unserem Info-Stand.
- Bei der Aktionärsversammlung ging es hoch her.
- Unser Mitgliedertreffen war gut besucht.
- Die finanziellen Probleme der Gemeinde haben vielfältige Ursachen.
- Zum jährlichen Tag der offenen Tür kamen wieder zahlreiche Gäste.

Meine Vorschläge

Für: Es gab ein reges Interesse an unserem Info-Stand.
Besser: Wir hatten 1.000 Aufkleber mitgenommen. Und schon kurz nach der Mittagspause waren alle weg. So viele Besucher hatten wir nicht erwartet. Immer standen mehrere Menschen um unseren Info-Stand herum. Einige wollten nur Informationen. Aber die meisten wollten mit uns diskutieren. Unsere Mitarbeiter hatten keine Zeit, Pause zu machen. Bis zum Abend konnten wir mehr als 2.000 Unterschriften sammeln: dreimal soviel, wie wir erhofft hatten.

Für: Bei der Aktionärsversammlung ging es hoch her.
Besser: Am Ende wurde der Vorstandsvorsitzende rot. Nicht aus Scham, und nicht nur im Gesicht. Mehrere zermatschte Tomaten liefen an seinem Anzug herunter. Ein wütender Aktionär hatte sie geworfen, weil er über 10.000 Euro verloren hatte. Das war der Höhepunkt einer turbulenten Aktionärsversammlung. Nicht mit Tomaten, aber mit bitteren Worten kritisierten andere Aktionäre den Vorstand. Der Kurs der Aktie ist in den letzten zwei Jahren um rund 80 Prozent gesunken. In der Diskussion gaben die meisten Aktionäre dem Vorstand die Schuld dafür.

Für: Unser Mitgliedertreffen war gut besucht.
Besser: Kaffee, Kuchen und die Sängerin Birte lockten – und viele Mitglieder kamen. Die ersten waren schon um halb drei im Vereinsheim. Da hatten die Vorstandsmitglieder noch gar nicht alle Tische und Stühle aufgebaut. Zwanzig Minuten später war der Raum bereits voll. Und als die letzten Mitglieder pünktlich um drei Uhr ankamen, verschwand der Vorsitzende im Nebenraum – um zehn Klappstühle zu holen. Die Sängerin Birte freute sich darüber: Der Applaus von 400 Händen war nicht zu überhören.

Für: Die finanziellen Probleme der Gemeinde haben vielfältige Ursachen.

Besser: Die Gemeinde ist pleite. Das ist kein Wunder: Die Gemeinde hat viele Schulden gemacht. Außerdem sinken die Steuereinnahmen. Seit zehn Jahren hat die Gemeinde weniger Geld als sie ausgibt. Und das Geld gibt sie schnell aus. Teure Beispiele sind die hohen Abfindungen für entlassene Mitarbeiter und ein neues Schwimmbad, in dem nur selten jemand schwimmt.

Für: Zum jährlichen Tag der offenen Tür kamen wieder zahlreiche Gäste.

Besser: Wörtlich nahmen einige in diesem Jahr den Tag der offenen Tür. Der Tag hatte zwar begonnen, als die ersten Gäste um halb zehn an die Scheibe klopften. Doch die Türen waren noch zu. Um zehn Uhr strömten dann mehrere Hundert Menschen durch die offenen Türen. Es wurden mehr, viel mehr: Fast 5.000 Menschen besuchten bis abends unsere Werkshallen und das Betriebsgelände. Die letzten Gäste kamen, als es schon dunkel wurde – und machten den Tag zur Nacht der offenen Tür.

Bitte freundlich!

Ein Autor ist freundlich zum Leser, wenn er gut schreibt. Gute Texte sind zwar nur ein Handwerk. Aber wer dieses Handwerk anwendet, hat eine freundliche Einstellung zum Leser. Denn er bemüht sich, verständlich und interessant zu schreiben. Kurz: Er macht es dem Leser einfach. Und ich finde Menschen freundlich, die mir etwas einfach machen.

Trotzdem können Texte kurz und verständlich sein – und trotzdem unfreundlich. Der folgende Brief ist verständlich und kurz. Aber er klingt unfreundlich.

Sehr geehrter Herr Heuer,

die anliegende Erklärung wollen Sie bitte u m g e h e n d unterschrieben zurücksenden.

Mit freundlichen Grüßen
Im Auftrag

Kohler

An der unfreundlichen Wirkung ändern auch das »bitte« und die freundlichen Grüße nichts. Pflichtbewusst, aber desinteressiert klingt es, wenn jemand im Auftrag schreibt. Außerdem möchte ich wissen, wer mir schreibt. Durch den Brief kenne ich nur den Nachnamen. Ist Kohler eine Frau oder ein Mann? Aber vor allem: Woher weiß Kohler, was Herr Heuer will?

Autoren sind freundlich, wenn sie verständlich und interessant schreiben. Darüber hinaus sollten Briefe den Empfänger als Menschen freundlich ansprechen.

Briefe müssen nicht nur verständlich sein und neugierig machen. Sie sollten den Empfänger persönlich freundlich ansprechen. Dieser Anspruch ist noch nicht erfüllt, wenn Sie jeden Brief mit freundlichen Grüßen beenden. Auch zweifelhafte Komplimente entschädigen den Empfänger nicht, wenn drei Zeilen weiter Drohungen oder Vorwürfe stehen.

Briefe sollten fast immer freundlich sein: egal, ob jemand schreiben will oder schreiben muss. Es gibt selten einen Grund, unfreundlich zu sein. Freundlichkeit ist allerdings eine Frage der inneren Einstellung, kein Handwerk.

Ähnlich wie bei den pfiffigen Ideen kann ich Ihnen deshalb keine Anleitung geben, wie Sie freundlich schreiben können. Nur einige allgemeine Hinweise, was Sie tun und vor allem, was Sie lassen können, um freundlich zu schreiben:

- Unterstellen Sie dem Empfänger nichts. Kohler weiß nicht, was Herr Heuer will. Trotzdem behauptet er:»Die anliegende Erklärung wollen Sie bitte umgehend unterschrieben zurücksenden.« Freundlich wäre:»Bitte unterschreiben Sie die Erklärung und schicken Sie sie zurück.«
- Drohen Sie nicht beim ersten Mal. Manchmal müssen Sie etwas von jemandem verlangen. Dann sollten Sie ihn darum bitten und beim ersten Mal nicht mit Konsequenzen drohen, wenn er Ihre Bitte nicht erfüllt. Rechnungen sind ein Beispiel: Sie sind zunächst die selbstverständliche Bitte, eine Leistung zu bezahlen, die der Kunde in Anspruch genommen hat. Es wäre unfreundlich, bei dieser Gelegenheit mit Klage zu drohen, falls der Kunde die Rechnung nicht bezahlt. Das gilt auch für andere Dinge, die Sie von Menschen verlangen.
- Machen Sie keine Vorwürfe. Vorwürfe beginnen mit »Sie haben ...«. Streichen Sie die Formulierung aus Ihrem Wortschatz und schreiben Sie besser, was Sie wahrgenommen haben.»Sie haben bis heute nicht geantwortet« ist ein Vorwurf. Und eine Unterstellung: Vielleicht hat der andere geantwortet, und der Brief ist verloren gegangen. Freundlich wäre:»Ich habe bis heute keine Antwort von Ihnen erhalten.«

● Vermeiden Sie Paragraphen. Paragraphen sind Vorschriften, keine Argumente. Sie klingen wichtig:»Nach § 43, Abs. 2 sind Sie verpflichtet, eine persönliche Meldung vorzunehmen.« Ausreichend, aber freundlich wäre:»Bitte melden Sie sich.« Einer Behörde reicht vielleicht der Hinweis auf einen Paragraphen. Einem Leser nicht, wenn er wissen möchte, welchen Sinn eine Vorschrift macht. Manchmal ist ein Hinweis auf eine gesetzliche Vorschrift notwendig. Dann ist es freundlich, dem Leser zu erklären, was mit dieser Vorschrift erreicht werden soll. Zum Beispiel so:»Das Gesetz schreibt vor, dass Sie sich persönlich melden. Dann können wir Ihnen helfen.« Ansonsten empfehle ich: Vermeiden Sie Paragraphen, wenn Sie keinen Schriftsatz verfassen, der vor Gericht bestehen muss.

● Versetzen Sie sich in den Empfänger. Viele Briefe wären schon freundlicher, wenn sie nicht mehr unfreundlich wären. Noch freundlicher werden persönliche Texte, wenn Sie auf die Situation des Empfängers eingehen, auf seine Hoffnungen, Erwartungen oder Wünsche. Zum Beispiel, wenn er gerade Geburtstag hatte: Gratulieren Sie. Wenn er krank ist: Wünschen Sie ihm, dass er wieder gesund wird. Wenn Sie ihm ein Produkt verkauft haben: Fragen Sie, ob er zufrieden ist. Kurz vor Weihnachten: Wünschen Sie erholsame Feiertage.

Briefe werden freundlich, wenn Sie Unterstellungen, Drohungen, Vorwürfe und Paragraphen weglassen. Und wenn Sie auf den Empfänger eingehen.

Umständlich, pflichtbewusst, unfreundlich klingt der folgende Brief:

Einleiten geklärter häuslicher Abwässer in Gewässer
Erlaubnis-Nr. 37/01-88/66
Betriebsort: Hauptstraße 23, Stapeldorf

Sehr geehrte Frau Meyer,

mit Datum vom 15.03.2002 erhielten Sie die Erlaubnis, geklärte Abwässer von Ihrem Grundstück in oberirdische Gewässer einzuleiten. In Auflage Nr. 4 dieser wasserrechtlichen Erlaubnis wird die Herstellung einer DIN-gerechten Kläranlage gefordert.
Hierfür wurde eine Frist bis zum 15.09.2002 gewährt. Bis zum heutigen Tage haben Sie mir jedoch die Fertigstellung Ihrer Kleinkläranlage nicht angezeigt.

Sollte ich bis zum 28.11.2002 keine Nachricht von Ihnen erhalten haben, werde ich die Abnahme Ihrer Kläranlage durchführen. Sollte diese Abnahme jedoch ergebnislos verlaufen, da die Anlage noch nicht DIN-gerecht hergestellt wurde, werde ich ein Mängelverfahren einleiten.

Sofern die Kläranlage Ihrerseits noch nicht erstellt werden konnte, bitte ich mir diesbezüglich die Gründe mitzuteilen.

Für evtl. Auskünfte stehe ich gerne zur Verfügung.

Mit freundlichen Grüßen

Im Auftrage:

(Müller)

Auch die Anrede und die Grußformel hätte man anders formulieren können. Aber das ist vergleichsweise harmlos. Eine Zumutung ist der Text dazwischen – stilistisch und inhaltlich.

Ich hätte diesen Brief anders geschrieben. Mein Vorschlag:

Eine Bitte: Melden Sie Ihre Kläranlage

Guten Tag Frau Meyer,

wir hoffen, der Einbau der Kläranlage auf Ihrem Grundstück hat reibungslos geklappt.

Eine Kläranlage ist Voraussetzung, um Abwasser in Gräben oder andere Gewässer einzuleiten. Unsere Genehmigung vom 15. März 2002 war mit dieser Auflage verbunden. Wir sind verpflichtet zu prüfen, ob die Kläranlage eingebaut wurde und ob sie der Norm entspricht. Bei Bedarf müssen Mängel behoben werden. Das ist notwendig, um unsere Umwelt zu schützen.

Bis zum 15. September 2002 hätten Sie uns den Einbau der Kläranlage melden müssen. Wenn Sie in Ihren Unterlagen nachsehen möchten: Die Genehmigung hat die Nummer 37/01-88/66. Falls Sie vergessen haben, uns den Einbau der Anlage zu melden, dann holen Sie dies bitte bis zum 28. November 2002 nach. Bitte teilen Sie uns auch mit, wenn die Anlage noch nicht eingebaut werden konnte. In diesem Fall brauchen wir eine Begründung von Ihnen.

Wenn Sie Fragen haben, können Sie sich gerne melden.

Viele Grüße nach Stapeldorf
Manfred Müller

Wenn Ihre Briefe nicht wie eine Anordnung klingen sollen, dann sollten Sie freundlich schreiben. Im doppelten Sinn: klar, einfach, interessant und verständlich – und ohne Unterstellungen, Vorwürfe oder Drohungen. Fast jeder Brief kann und sollte freundlich sein. Allerdings: Fast jeder Brief ist nicht jeder Brief. Die dritte Mahnung muss nicht freundlich sein.

Vom ersten bis zum letzten Satz – Texte aufbauen

Es gibt Seminare und Bücher, die sich nur damit beschäftigen, wie ein Text strategisch aufgebaut werden soll. Dort lernen Sie Argumentationsfiguren: vom dialektischen Dreisatz über die Problemlösungsformel bis zum dialektischen Fünfsatz. Besonders beliebt scheint das AIDA-Modell zu sein:

- Attention,
- Interest,
- Desire,
- Action.

Das heißt: Erzeugen Sie zum Einstieg Aufmerksamkeit, wecken Sie Interesse für Ihr Thema, erregen Sie beim Leser einen Wunsch und fordern Sie abschließend zur Handlung auf.

Es gibt noch andere Systeme, einen Text aufzubauen. Das Ziel ist, den Leser mit einer ausgefeilten Methode zu überzeugen. Wobei der Aufbau vom Inhalt abhängt. Ein Aufbau nach dem AIDA-Modell eignet sich für einen Werbebrief, aber nicht für die Geschichte eines Unternehmens. Mit dem dialektischen Fünfsatz können Sie die Vor- und Nachteile verschiedener Vorschläge beurteilen, um anschließend Ihre eigenen Ideen vorzustellen. Bei einer Einladung zum Tag der offenen Tür hilft der dialektische Fünfsatz sicher nicht. Ich werde Ihnen diese und andere Methoden nicht ausführlich vorstellen. Es gibt dazu genug Literatur. Außerdem wird die Wirkung solcher Methoden überschätzt. Der Aufbau von Texten ist nicht unwichtig, aber zweitrangig. Das liegt

> Methoden für den Textaufbau werden überschätzt. Der Leser liest den Aufbau nicht mit, sondern immer nur einen Gedanken auf einmal.

nicht nur daran, dass die meisten Texte kurz sind. Auch bei langen Texten sollten Sie nicht zu viel Zeit in einen systematischen Aufbau investieren. Diese Zeit nutzen Sie besser, wenn Sie am Text feilen. Ich habe dafür zwei Argumente.

- Erstens: Der Leser liest den Aufbau eines Textes nicht mit. Ohnehin haben nur längere Texte ein Inhaltsverzeichnis, an dem sich der Leser orientieren kann: Wo bin ich gerade? Was habe ich schon gelesen? Was folgt noch? Ein Hörer hat überhaupt keinen Überblick. Er kann weder vor- noch zurückblättern.

- Zweitens: Ein Leser beschäftigt sich immer nur mit einem Gedanken, mit dem Satz, den er gerade liest. Für ihn sind in dem Moment höchstens noch die zwei oder drei Sätze wichtig, die er unmittelbar davor gelesen hat. Das gilt noch stärker für den Hörer eines Textes. Er muss sich auf den Satz konzentrieren, den er gerade hört, um zu folgen.

Das heißt nicht, dass Sie sich keine Gedanken über den Aufbau machen sollen. Irgendwie müssen Sie einen Text aufbauen, der mehr als zwei Sätze hat. Und natürlich können Sie eine Methode aus den Lehrbüchern wählen, wenn Sie das wollen. Sie sollten nur die Wirkung nicht überschätzen. Ein Textaufbau mit Methode fesselt keine Leser. Wichtiger sind die Wortwahl und der Satzbau.

Ohne Phrasen, vielleicht mit einer pfiffigen Idee, mit einem klaren, einfachen Satzbau und mit verständlichen, anschaulichen Begriffen – damit verführen Sie den Leser, auch den nächsten Satz zu lesen. Und so weiter. Wenn der Leser den letzten Satz gelesen hat, haben Sie Ihr Ziel erreicht: dass er den Text vom Anfang bis zum Ende gerne liest. Ein guter Text überzeugt den Leser; ein Textaufbau mit Methode überzeugt niemanden, wenn niemand ihn bemerkt.

Mit dem Aufbau Gedanken sortieren

Trotzdem gibt es für Sie als Autor einen guten Grund, vor dem Schreiben zu überlegen, wie Sie einen Text aufbauen. Ein überlegter Aufbau hilft Ihnen, Ihre Gedanken zu sortieren und beim Schreiben den Überblick zu behalten. Dabei reicht es meistens, wenn Sie sich an einem Grundaufbau orientieren: Einleitung – Hauptteil – Schluss. Außerdem sollten Sie einen roten Faden haben: eine Frage, ein Thema oder eine Botschaft, die den Text vom Anfang bis zum Ende durchzieht.

Wenn Sie wissen, was Sie schreiben wollen, ergibt sich die Reihenfolge fast von alleine. Das ist keine besondere Methode, sondern das Prinzip: erst Ordnung im Kopf und dann auf dem Papier. Was für einzelne Sätze gilt, ist auch richtig für den Aufbau des gesamten Textes. Nicht mehr und nicht weniger. Sie nehmen ja auch nicht alles aus dem Kühlschrank, was Sie darin finden, werfen es in einen Topf und überlegen anschließend, was Sie kochen wollen.

Im Überblick – ein Textaufbau nach der Methode ohne Namen:

- Überlegen Sie, was Sie schreiben wollen.
- Legen Sie einen roten Faden fest.
- Sortieren Sie Ihre Informationen, Gedanken und Ideen und bringen Sie alle Stichworte in eine sinnvolle Reihenfolge.
- Schreiben Sie einen kurzen Einstieg, der dem Leser Lust macht auf mehr.
- Schreiben Sie im Hauptteil Ihre Informationen und Gedanken der Reihenfolge nach auf. Bauen Sie bei langen Texten gelegentlich eine pfiffige Idee ein. Vor allem: Schreiben Sie jeden Satz so, dass der Leser neugierig wird auf das, was als Nächstes folgt.
- Machen Sie Schluss, wenn Sie alles geschrieben haben, aber brechen Sie den Text nicht ab. Schließen Sie den Text ab mit einer Zusammenfassung, einem Ergebnis, einer Anekdote oder einem Wunsch. Mit einem guten Schluss bleiben Sie in guter Erinnerung.

Auch wenn der Aufbau nicht so wichtig ist, kann man viel falsch machen. Das gilt vor allem für den Einstieg. Das ist gefährlich. Die ersten Sätze entscheiden darüber, ob der Leser weiter liest und ob der Zuhörer weiter zuhört. In den ersten Sätzen gewinnt der Autor

 Für den Aufbau reicht: erst Ordnung im Kopf, dann auf dem Papier – mit einem roten Faden in der Reihenfolge Einleitung – Hauptteil – Schluss.

die Sympathie des Lesers – oder er macht einen schlechten Eindruck. Der Anfang ist der wichtigste Teil eines Textes. Was Sie hier verlieren, können Sie später nicht mehr aufholen. Deshalb will ich Ihnen einige Hinweise zum Anfang eines Textes geben. Im nächsten Beispiel wurde versucht, einen lockeren Einstieg zu schreiben:

> Wer kennt sie nicht, die legendären Tupper-Partys! Eine Gastgeberin lädt ein und viele (Haus-)frauen kommen dazu, um sich bei einer kleinen gemütlichen Feier (endlich mal raus aus den eigenen vier Wänden) über die neuesten Plastikschüsseln zu informieren. Im gleichen Atemzug bestellt »frau« kräftig das, was ihr als unentbehrlicher Helfer in der Küche von der Tupper-Vertriebsmitarbeiterin (die natürlich selbst vorher alles ausprobiert hat) in höchsten Tönen angepriesen wird. Der zu Hause wartende Ehemann meckert selten über die zusätzliche Geldausgabe, profitiert er doch selbst von den nicht ganz billigen Wunderschüsseln. Fachgerecht in Tupper eingelagert kann er seinen Sonntagsbraten auch noch am Mittwoch genießen. Wer fängt da schon an zu knurren?
>
> Heute ist der Tupper-Boom etwas abgeebbt. Die Hausfrauen von damals haben ihre Kinder groß und interessieren sich wenig für Brotfrischhaltedosen und Jogurtselbermachtöpfchen.
>
> Sie beschränken sich mehr auf das Wesentliche.

Worum geht es wohl in dem Bericht? Ich gebe Ihnen einen Hinweis: Der Bericht ist drei Spalten lang. Der Einstieg umfasst die gesamte erste Spalte. Sie meinen, es sei ein Bericht über Tupper-Partys? Sie sind vielleicht erstaunt, aber: Es ist kein Bericht über Tupper-Partys.

Ich habe Sie mit meinem Hinweis in die Irre geführt, genau wie der Einstieg. Erst der nächste Satz verrät, worum es geht: »Statt Tupper- sind Dessous-Partys angesagt.« Es ist der Bericht über eine Dessous-Party und kein Artikel, was aus Tupper-Partys geworden ist. Der Bericht ist auch nicht zehn Seiten lang. Das hätte vielleicht einen derart langen Einstieg mit einem anderen Thema entschuldigen können.

Auch die Wortwahl und der Satzbau sind problematisch. Allerdings lohnt es nicht, den Einstieg zu überarbeiten, weil er in dieser

Form und bei diesem Thema überflüssig ist. Hier hilft nur eins: Den Einstieg komplett streichen und einen neuen, kurzen Einstieg schreiben. Der könnte so lauten: »Tupper-Partys sind aus der Mode. Heute treffen sich Frauen bei Dessous-Partys.«

Schlechte Einstiege vermeiden – damit der Leser nicht aussteigt

Noch verwirrender wird es, wenn der Autor mit dem Leser geradezu Achterbahn fährt, bevor er auf sein Thema kommt. Wohin das führen kann, will ich Ihnen mit dem nächsten Beispiel zeigen. Es ist ausgedacht:

- »Die Grillsaison ist eröffnet. Haben Sie in diesem Sommer auch schon draußen gegrillt?« *Es geht also um Bratwurst und Koteletts. Nein, doch nicht:*
- »Dann haben Sie vielleicht gesehen, was auf der Packung mit der Kohle steht: Kein Tropenholz.« *Ach so, jetzt kommt ein Bericht über die Rettung des Regenwalds. Oder nicht?*
- »Die Grillkohle wächst bei uns. Genauer gesagt: Die Grillkohle wird aus dem Holz der Bäume gewonnen, die in deutschen Wäldern wachsen.« *Langsam wird mir schwindelig. Worum geht es eigentlich?*
- »Obwohl auch der Wald bei uns längst nicht mehr gesund ist.« *Ich habe es geahnt: Waldsterben!? Falsch:*
- »Trotzdem werden jedes Jahr Hunderttausende Bäume gefällt. Daraus kann man nicht nur Grillkohle machen,« *Ja, aber was denn?*
- »sondern auch Tische, Stühle und Schränke.« *Wie interessant.*
- »Im Schwarzwald steht eine kleine Fabrik, die noch etwas anderes herstellt:« *Ich passe!*
- »Kuckucksuhren.«

Dieser Einstieg ist nicht originell und führt nicht zum Thema, sondern in die Irre. Wer sich über Kuckucksuhren informieren will, möchte in dem Moment nichts über Grillkohle, Tropenholz, Waldsterben oder das Tischler-Handwerk erfahren. Ein kurzer Ausflug ist erlaubt, wenn er einen Bezug zum Thema hat. Ein Bericht über Kuckucksuhren könnte zum Beispiel so anfangen:

 Viele Menschen klagen, dass die Zeit immer schneller vergeht. Nicht langsamer, aber ein bisschen anders vergeht die Zeit auf einer Kuckucksuhr.

Und schon sind wir beim Thema.

> **Viele Fehler werden beim Einstieg gemacht.** Verwirren oder langweilen Sie den Leser nicht, sondern führen Sie ihn mit einem kurzen Einstieg direkt zum Thema hin.

Man kann schnell zum Thema kommen – und den Leser trotzdem im ersten Satz langweilen. Das kann passieren, wenn ein Text mit einer Information beginnt, die der Leser längst kennt. Aus diesem Grund ist der Einstieg in den Bericht über Dessous-Partys doppelt misslungen. Denn der erste Satz heißt:»Wer kennt sie nicht, die legendären Tupper-Partys!« Wenn diese Unterstellung stimmt, dann macht es erst recht keinen Sinn, den Leser in den nächsten acht Sätzen mit Informationen zu langweilen, die er kennt.

Von Anfang bis Mitte Dezember beginnen viele Briefe, Grußworte und Reden mit dem Hinweis:»Bald ist Weihnachten.« Das ist bekannt. Warum sollte also jemand weiter lesen oder zuhören, wenn der Verfasser etwas mitteilen will, was schon jeder weiß? Beliebt ist auch dieser Anfang bei Briefen:»Sie haben gefragt, ob ...« Der Leser weiß, was er gefragt hat. Er will eine Antwort.

Unglücklich ist der folgende Einstieg aus einem Artikel über Programme gegen Jugendkriminalität:»Gewalttätige Kinder und Jugendliche sind ein Problem unserer Zeit.« Diese Behauptung wird nicht begründet. Der Leser kann es glauben – oder nicht. Nachprüfen kann er es nicht. Meinungen und Behauptungen, die nicht begründet werden, sind Vorurteile. Und rufen beim Leser Widerspruch und Ablehnung hervor, wenn er dieses Vorurteil nicht hat.

Eine letzte Regel, was man beim Einstieg vermeiden sollte: Einstiege sind keine Rückblicke. Wer eine Kolumne schreibt, wie unser

Sozialsystem reformiert werden soll, muss nicht mit Bismarcks Sozialreformen im 19. Jahrhundert anfangen. Bei einer Doktorarbeit ist das erlaubt, vielleicht sogar verlangt. Bei einem Meinungsartikel sollten Sie nicht erst auf der dritten Seite zum Thema kommen. Bezüge zur Geschichte sind sinnvoll, wenn sie ein Argument bieten oder wenn sie helfen, die Diskussion um ein Thema in ihrer Tradition zu verstehen. Ansonsten sind Bezüge zur Geschichte Ballast.

> **Aber wie sollte ein Einstieg dann aussehen?** Die Aufgabe der ersten Sätze heißt zusammengefasst: Ein guter Einstieg führt gradlinig zum Thema hin, ohne den Leser zu überrumpeln.

Das Thema können Sie einführen mit einem Bezug, einer Anekdote, einem Vergleich, einem Hinweis, einem Bild. Oder manchmal nur mit einer kurzen Feststellung, zum Beispiel: »Ich habe eine gute Nachricht für Sie.« Es gibt viele Möglichkeiten. Und natürlich wird das Thema genannt, direkt oder mit einem Übergang.

Der Einstieg soll den Leser an das Thema heran führen, ihn neugierig machen und ihm die Möglichkeit geben, sich auf den Inhalt einzustellen. Platzen Sie also im ersten Satz nicht mit der Hauptaussage eines Textes heraus. Der Leser hat gerade etwas anderes gelesen, mit jemandem gesprochen oder nur aus dem Fenster gesehen. Er muss also seine Gedanken sammeln, um Ihren Text aufzunehmen.

Das ist ein natürliches Bedürfnis. Ein Gespräch beginnen Sie auch nicht so: »Ich habe einen neuen Job gefunden.« Sondern wahrscheinlich so: »Ich muss dir was erzählen. Was Tolles: Ich habe einen neuen Job gefunden.« Deshalb sollten Sie auch einen Text nicht so beginnen: »Kaufen Sie unseren Staubsauger-Roboter.« Sondern vielleicht so: »Wir haben Ihnen etwas zu bieten. Lassen Sie unsere Maschine für sich putzen. Kaufen Sie unseren Staubsauger-Roboter.«

Wohltuend für die Augen des Lesers: Optische Gliederung

Sie können dem Leser helfen, den Inhalt zu überblicken, wenn Sie einen Text optisch gliedern. Dadurch erleichtern Sie dem Leser, einen Text aufzunehmen und zu verstehen. Hierbei geht es nicht da-

rum, wie Sie einen Text aufbauen, sondern dass der Leser den Textaufbau nachvollziehen kann. Das Auge sucht nach Punkten, an denen es sich orientieren kann.

Das gilt besonders für längere
Sachtexte. Ohne optische Glie-
derung sieht ein Text mit ein
bisschen Abstand für das Auge
aus wie eine graue Masse, die
sich nicht fassen lässt. Das Au-
ge hat keinen Punkt, an dem es ausruhen kann. Das können Sie ändern mit

> Sie können dem Leser helfen, sich
> im Text zu orientieren, wenn Sie
> den Text optisch gliedern: mit Über-
> schriften, Absätzen und Aufzählun-
> gen.

- **Überschriften:** Auch wenn sie so heißen, müssen Überschriften
  nicht nur über dem Text stehen. Auch zwischendurch dürfen Sie
  eine Überschrift setzen. Sie gliedern den Text.
- **Absätzen:** Machen Sie einen Absatz, wenn ein Gedankengang beendet ist. Dann kann der Leser Luft holen und zur Seite sehen,
  bevor er weiter liest. Wenn Sie zwischen zwei Absätzen eine Leerzeile machen, findet das Auge des Lesers den Anschluss schneller
  wieder.
- **Aufzählungen:** Auch dies ist eine Aufzählung. Mit Spiegelstrichen, Punkten oder Nummerierungen erhält der Leser Informationen kompakt und übersichtlich.

Vorsicht bei Tabellen und Grafiken. Sie sind zwar übersichtlich und
mit dem Auge einfach zu erfassen, wenn sie gut gemacht sind. Allerdings stören sie den Text, weil sie den Lesefluss unterbrechen. Und
sie wirken buchhalterisch. Wenn Sie auf Tabellen und Grafiken nicht
verzichten wollen, dann haben diese im Anhang ihren richtigen
Platz. Im Text haben Tabellen und Grafiken in der Regel nichts zu
suchen.

Noch mehr Tipps für gute Texte

Jeder Autor setzt Schwerpunkte. Was ich für besonders wichtig halte, habe ich für Sie in diesem Kapitel zusammengestellt. Ich bin überzeugt, dass Sie mit diesem Rüstzeug gute Texte schreiben können.

Rund um das Schreiben gibt es aber noch andere Fragen, die man diskutieren kann: Sollte man einen Entwurf mit dem Stift oder mit dem Computer schreiben? Wie entwickelt man Ideen für einen Text? Diese Fragen reichen hinaus über das Handwerk, wie man einen Text gut formuliert. Dagegen gehören zum Handwerk noch die folgenden Hinweise, die ich kurz und knapp erläutere: ein allgemeiner Ratschlag und sieben Tipps, die zwar nur Kleinigkeiten betreffen, aber dennoch wichtig sein können.

Soll man schreiben wie man spricht? – Ein allgemeiner Ratschlag

Sicher haben Sie schon einmal die Empfehlung gehört: Man soll schreiben, wie man spricht. Das ist lebendiger. Dagegen ist nichts einzuwenden, wenn man lebendig redet und das auch noch wie gedruckt. Das tun allerdings die wenigsten.

Niemand würde so reden: »Sehr geehrter Herr Kienzle, besteht Ihrerseits unter Umständen ein weiterer Bedarf für eventuelle Rückfragen?« Antwort: »Sehr geehrter Herr Hauser, bezugnehmend auf die Anfrage Ihrerseits, ob von meiner Seite unter Umständen ein weiterer Bedarf für eventuelle Rückfragen besteht, darf ich Ihnen mitteilen, dass ich eine Fragestellung zur Aussprache bringen werde.«

So redet niemand, und so sollte auch niemand schreiben. Wir wissen, dass auch Hauser und Kienzle anders reden:

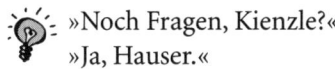 »Noch Fragen, Kienzle?«
»Ja, Hauser.«

So kann man reden, aber so sollte man nicht schreiben. Das gilt auch für diese Sätze: »Tja, also gestern, da war ich auf dem Schützenfest in Hannover. Und stell dir vor: Plötzlich steht da, ich denke, hmm, ich sehe nicht richtig, da steht doch der Bundeskanzler neben mir, direkt an der, na, wie heißt es noch, an der Schießbude.«

Die meisten Menschen würden so oder so ähnlich reden. Das ist normal. Wenn wir sprechen, bauen wir Verlegenheitswörter ein: tja, da, nun, hmm, also, na. Wir brechen Sätze ab, ohne sie zu beenden. Uns rutschen Gedanken heraus, die wir einschieben: Wie heißt es noch? Und Wörter aus der Umgangssprache, die schon unangenehm klingen, wenn sie gesprochen werden: arbeitsmäßig, rein rechnerisch, gefühlstechnisch. Geschrieben sind sie unerträglich. Das gilt auch für Verlegenheitswörter, abgebrochene Sätze und eingeschobene Gedanken.

> Die Empfehlung gilt also eingeschränkt: Man darf schreiben, wie man spricht: ohne Verlegenheitswörter und mit vollständigen Sätzen. Es kommt aber immer darauf an, wie man spricht und wem man schreibt.

In der Praxis kann das so aussehen: Sie schreiben Ihre Informationen oder Gedanken so auf, wie Sie dem Leser sagen würden, was Sie ihm mitteilen möchten. Dann überarbeiten Sie den Entwurf und streichen dabei alles, was stört, weil es in der Schriftsprache nichts zu suchen hat.

Tipp 1: Überflüssiges, das sinnvoll ist

Was nicht dazu dient, den Leser zu informieren, ist überflüssig. Aber nicht alles, was überflüssig ist, sollte vermieden werden. Hatte ich vorhin nicht das Gegenteil geschrieben? Ein Text ist gut, wenn er frei ist von überflüssigen Begriffen. Damit meine ich Verlegenheitswörter, Blähwörter, überflüssige Adjektive, Spagatverben oder Phrasen. Dennoch empfehle ich Ihnen jetzt, Überflüssiges zu schreiben. An bestimmten Stellen eines Textes helfen überflüssige Wörter und Sätze, einen Text besser zu verstehen. Überflüssiges ist sinnvoll

● beim Einstieg: Um den Leser nicht zu überrumpeln, sollten Sie ihn kurz an das Thema heranführen mit einer Anekdote, einem Hinweis oder einem Bezug.

● zur Erklärung oder Erläuterung: Wenn der Leser einen Hintergrund nicht kennt, dann müssen Sie ihn erläutern. Sonst versteht er Ihre Aussage nicht. Auch Fremdwörter und Fachbegriffe sollten Sie erklären, wenn Sie nicht darauf verzichten können.

● als bewusste Wiederholung: Ich habe mich in diesem Buch mehrmals wiederholt. Das sollten Sie auch tun, wenn Sie eine Aussage bekräftigen wollen. Oder wenn Sie den Leser bei einem längeren Text erinnern wollen, was Sie viele Seiten vorher bereits geschrieben haben.

● in Redetexten: Man sollte nicht genau so schreiben, wie man spricht. Aber man redet auch nicht, wie man schreibt. Verdrehte oder abgebrochene Sätze haben in einem Redemanuskript nichts zu suchen. Aber kurze Füllwörter stören nicht: gelegentlich ein »nun« oder »also« am Satzanfang oder »nämlich« vor einer Aufzählung.

Tipp 2: Hemden soll man wechseln, Begriffe nicht

Bleiben Sie am Ball – wenn Sie über Fußball schreiben. Und treten Sie nicht gegen die Kugel, bevor Sie das runde Leder wegschießen, mit der Pille kicken und anschließend das Ei in den Kasten hauen. Dem Leser wird schwindelig, und nicht jeder weiß, dass Kugel, rundes Leder, Pille und Ei Synonyme für den Ball sind.

Synonyme sind bedeutungsgleiche oder bedeutungsähnliche Begriffe. Sie erreichen nichts, wenn Sie für einen Gegenstand oder einen Menschen ständig neue Begriffe verwenden. Zu viele Synonyme machen auch den folgenden Textauszug schwer verständlich:

King ist der reinste Maulwurfsjäger. Am 26. September wurde der gutmütige Mischlingsrüde am Triftweg gefunden. Diejenigen, die ihn aufgesammelt hatten, brachten den »kleinen Buddelkönig« erst einmal zur Polizei. Im Tierheim stellte man fest: Einen besseren Familienhund gibt es gar nicht. Die größte Leidenschaft des gutmütigen Rüden ist nämlich das Schmusen – egal ob mit großen oder kleinen Erdenbürgern. Selbst einem drei bis vier Jahre alten »Vagabunden« (Alter geschätzt) wie ihm, kann man das »bei Fuß gehen« noch beibringen. Wer es nicht so genau nimmt und Spaß an einem lustig-fröhlichen Mischlingsrüden hat, der sollte ganz schnell im Tierheim anrufen.

Am Schluss kann der Leser nicht mehr sicher sein, ob ein Hund, drei oder fünf Hunde angeboten werden. Wir können wählen zwischen King, dem reinsten Maulwurfsjäger, einem gutmütigen Mischlingsrüden, dem kleinen Buddelkönig, einem Familienhund, dem gutmütigen Rüden, einem Vagabunden oder einem lustig-fröhlichen Mischlingsrüden. Und wer sollte sich dafür interessieren? Nicht etwa Kinder und Erwachsene, sondern »große und kleine Erdenbürger«.

Zu viele Synonyme machen einen Text nicht lebendiger und farbiger. Sie erreichen nur, dass die Aussagen schwer verständlich werden. Deshalb sollten wir die Forderung der Deutschlehrer sorgfältig abwägen, uns bei Begriffen um einen Wechsel im Ausdruck zu bemühen. Weniger ist mehr, mehr Verständlichkeit. Man darf ein Wort wiederholen. Man muss es sogar wiederholen, wenn ein oder mehrere Synonyme den Leser in die Irre führen.

Vorsicht auch bei Fürwörtern: er, sie, es, ihnen, ersterer, letzterer, seine, ihre, diese oder jene. Sie ersetzen einen Namen oder einen Begriff. Hier besteht die Gefahr, dass der Leser den Bezug verwechselt oder nicht versteht. Ein Beispiel: »Angelika hat ihre Mutter nie kennen gelernt. Jetzt ist sie tot.« Wer ist tot? Angelika oder ihre Mutter? Bezugswörter können ebenfalls verwirren: obige, oben genannte, eben genannte. Außerdem klingen sie steif und umständlich. Deshalb empfehle ich: Wiederholen Sie Namen und Begriffe.

Tipp 3: Nicht nie verneinen, aber selten

Manchmal muss man »nein« sagen; und manchmal muss man auch »nein« schreiben. Viele Aussagen lassen sich jedoch bejahend formulieren. »Ich bleibe« bedeutet das gleiche wie »Ich gehe nicht weg.« Verneinte Aussagen sind schwerer zu verstehen als andere. Das gilt bereits für einfache Verneinungen. Deshalb: Formulieren Sie einen Satz positiv, wenn es möglich ist.

Doppelte oder mehrfache Verneinungen kann ein Leser kaum verstehen. Sie sind schnell formuliert, auch wenn man es nicht will. Offenkundig sind direkte Verneinungen: nein, nicht, nie, kein, nichts, niemals oder keineswegs. Es gibt aber auch viele indirekte Verneinungen: Fehler, Rückgang, Schwund oder weigern; durch eine Vorsilbe: unhandlich, verbieten, ablehnen; oder durch eine Nachsilbe: arbeitslos, vorurteilsfrei, inhaltsleer.

Leichter machen Sie es dem Leser, wenn Sie positiv formulieren und auf jeden Fall ohne doppelte Verneinung.

Überlassen Sie doppelte Verneinungen dem Finanzminister, wenn er gefragt wird: »Werden Sie die Steuern erhöhen?« Wenn er nicht zugeben will, dass er die Steuern erhöhen wird, könnte er antworten: »Ich kann diese Frage nicht verneinen.« Dann habe ich Verständnis für ihn – aber ich verstehe ihn nur schwer.

Tipp 4: Mit der Zeichensetzung Zeichen setzen

Die Zeichensetzung sollte korrekt sein. Aber sie ist nicht nur eine Frage der Grammatik. Sie können mit der Zeichensetzung Zeichen setzen: für einen guten Stil, und um einen Text verständlicher zu machen. Mit Satzzeichen können Sie Sätze optisch gliedern. Und noch mehr: Sie können Informationen verbinden, Aussagen bekräftigen und den Leser aufmerksam machen.

Wer ohne Punkt und Komma redet, redet meistens zu viel. Wer wenig Punkte und viele Kommas schreibt, baut meistens Schachtelsätze. Machen Sie öfter mal einen Punkt und anschließend einen neuen Satz. Kommas sollten Sie sparsam einsetzen. Mehr als ein

Komma pro Satz ist meistens nur angebracht, wenn Sie Dinge aufzählen.

Es gibt aber nicht nur Punkte und Kommas. Wir haben viele Satzzeichen und sollten Sie auch gebrauchen. Allerdings sind nicht alle immer gut. Vorsicht bei diesen Satzzeichen:

- Ausrufezeichen! Wer zu oft einen Tusch macht, wird überhört! Nutzen Sie das Ausrufezeichen sparsam, sonst nutzt es sich ab.
- Drei Punkte… Drei Punkte sind beim Fußball immer gut, in einem Satz selten … Am Satzende lassen drei Punkte die Aussage nachhallen. Einmal wirkt das, dauernd nervt es.
- (Klammern) Zwischen Klammern lauert (wie auch zwischen Kommas) die Gefahr, umständliche Schachtelsätze zu bilden. Schreiben Sie Klammern grundsätzlich nur am Satzende (für eine Erläuterung, Aufzählung oder die Übersetzung eines Fremdworts).
- – Zwei Bindestriche – Für zwei Bindestriche gilt – wie für Klammern – das gleiche. Und noch mehr: Sie können nicht am Satzende stehen. Deshalb sollten Sie auf zwei Bindestriche immer verzichten.
- »Anführungszeichen« Wenn Sie »andere Autoren« zitieren, sind Anführungszeichen zwingend. Verbreitet sind sie auch für Begriffe, die der Leser originell und lustig finden soll. Wenn Sie einen »Witz« mit Anführungszeichen ankündigen müssen, ist er nicht witzig. Dann sollten Sie nicht nur auf die Anführungszeichen, sondern lieber gleich auf den Witz verzichten.

> Satzzeichen können Aussagen bekräftigen und Aufmerksamkeit wecken – wenn Sie die richtigen Zeichen setzen.

Wirksam Zeichen setzen können Sie mit anderen Satzzeichen. Ich schätze und empfehle

- den einfachen Gedankenstrich – weil er Aufmerksamkeit schafft und die zweite Aussage mit der ersten verbindet.
- den Doppelpunkt: Auch er schafft Aufmerksamkeit und verbindet beide Satzteile, nicht nur, wenn eine Aufzählung folgt.

- das Fragezeichen? Nein, das ist keine Frage! Das Fragezeichen unterstreicht eine Frage. Was spricht gegen das Fragezeichen bei einer indirekten oder rhetorischen Frage?
- das Semikolon; es ist stärker als ein Komma, schwächer als ein Punkt und verbindet mehrere ähnliche Aussagen.

Tipp 5: Ohne Zahlendschungel und Ziffernsalat

Amtliche Texte verstehen sich gut mit Zahlen und Ziffern. Deshalb versteht man sie so schlecht: »Ich habe zu prüfen, ob ein Wegeunfall gemäß § 8 Abs. 2 SGB VII vorliegt. Ich bitte, die oben genannte Person gemäß §§ 93 Abs. 2 Satz 2 SGB IV, 3 Abs. 1 SGB X vorzuladen und zu nachstehenden Fragen zu vernehmen.« Das ist trotz der Bitte unfreundlich – und zu korrekt.

Zu viele Zahlen und Ziffern machen einen Text unverständlich und unübersichtlich. Mir wurde fast schwindelig, als ich einen Brief bekam, der im Briefkopf folgende Informationen auflistete:

> Am Markt 8, 28507 Bramsheide
> Postfach 2466, 28500 Bramsheide
> Öffnungszeiten: Mo.–Fr. 08.30–12.30 Uhr, Do. 14.15–15.45 Uhr
> Datum: 23.09.2001
> Verw.-Geb.: IV, Schlossstr. 7
> Zimmer-Nr. 209 u. 202
> Tel.-Durchwahl: 0 49 61/85-13 89 u. /85-13 86
> Tel.-Vermittlung: 0 49 61/85-01
> Telefax: 0 49 61/85-13 66
> Mein Zeichen: 62/10/07/25/023

Im Betreff fand ich außerdem die »Erlaubnis-Nr. 38/01-80/67« und in der Fußzeile die »IK-Nr. 500405835« zusammen mit vier Kontonummern einschließlich Bankleitzahlen. Ich bin sicher, dass hier nichts vergessen wurde – aber ich muss und will nicht alles wissen.

Vermeiden Sie Zahlendschungel und Ziffernsalat. Dabei helfen zwei Tipps und zwei Regeln:

- Übersetzen Sie Zahlen in Bilder. Dieses Buch kostet weniger als fünf Packungen Zigaretten – und schadet nicht Ihrer Gesundheit.
- Machen Sie Ziffern rund. 0,2 Promille sind deutlich weniger als 0,9 Promille – wenn Sie die Alkoholmenge im Blut angeben. Ansonsten sollten Sie Prozente und Promille sparsam verwenden, Ziffern hinter dem Komma vermeiden und auf oder abrunden. Meistens ist die Tendenz wichtig. Noch besser verzichten Sie auf Prozentzahlen und machen aus 24,18 Prozent fast ein Viertel.
- Verzichten Sie bei ungenauen Angaben auf Ziffern. Ziffern stehen für Genauigkeit. Deshalb sollten Sie von tausend Zuschauern schreiben statt von 1.000 Zuschauern, wenn es vielleicht 1.027 waren.
- Schreiben Sie Zahlen als Wort oder Ziffern – so, dass Gleiches gleich gezählt wird. Vergessen Sie die Regel, dass Zahlen von eins bis zwölf in Ziffern, alle Zahlen ab 13 als Wort geschrieben werden. Wichtiger ist, dass der Leser nicht verwirrt wird. Zählen Sie Gleiches gleich und schreiben Sie nicht: »In unserer Schule sind 30 Schüler jünger als zehn Jahre und nur fünf Schüler älter als 15 Jahre.« Sondern: »In unserer Schule sind 30 Schüler jünger als zehn Jahre und nur 5 Schüler älter als fünfzehn Jahre.«

Tipp 6: Selbst denken statt zitieren

Wer einen anderen Autor zitiert, ist ehrlich und schreibt nicht heimlich bei ihm ab. Darüber hinaus haben Zitate kaum Vorteile. Eine eigene Meinung kann kein Zitat ersetzen. Deshalb rate ich: Formulieren Sie Ihre eigenen Gedanken, bevor Sie jemand anderen zitieren.

Setzen Sie Zitate selten, sehr selten ein. Wenn Sie ein Zitat verwenden, dann nur

- wenn es originell ist,
- wenn Sie es originell einbauen, fortsetzen oder wenden können und
- mit Anführungszeichen. Sonst ist es kein »Zitat«, sondern doch Diebstahl.

Tipp 7: Mit Überschriften Interesse wecken

Ich habe Ihnen gezeigt, dass man bereits beim Einstieg viele Fehler machen kann. Es geht aber noch eher. Die Überschrift entscheidet mit, ob ein Leser überhaupt anfängt zu lesen. Sie muss Interesse wecken. Kein Interesse wecken Überschriften wie »Die Lösung des Problems«, »Bau des Schwimmbads«, »Umfrage unter Fachleuten« oder »Unsere Geschichte«. Solche Überschriften sind nichts sagend und verraten im besten Fall, worum es in dem Text geht. Sie haben aber keine Botschaft, sprechen nicht an und schaffen keinen Anreiz für den Leser. Wer sich nicht bereits für das Thema interessiert, wird nicht anfangen zu lesen. Vorausgesetzt, das Thema wird überhaupt genannt. »Die Lösung des Problems« sagt nicht einmal, um welches Problem es geht. Bei »Umfrage unter Fachleuten« weiß ich nicht, aus welchem Fach die Leute sind und was sie gefragt wurden.

Überschriften sind keine Formalität. Machen Sie die Leser neugierig mit der Überschrift.

Die Überschrift sollte also mindestens das Thema andeuten. Besser ist es, wenn die Überschrift mehr schafft. Deshalb sollten Sie die Überschrift nutzen, um den Leser neugierig zu machen. Das heißt nicht, dass eine Überschrift reißerisch sein soll. Der Text muss die Erwartungen erfüllen, die durch die Überschrift geweckt werden.

Angenommen: »Die Lösung des Problems« überschreibt einen Artikel über fettarme Pommes frites, die fast keine Kalorien haben, dann wäre eine gute Überschrift: »Schlank durch Pommes«. Oder: »Die Pommes-Diät«. Mit dieser Aussage schaffen Sie eine Spannung, die neugierig macht, weil in der Überschrift ein Widerspruch steckt.

Übrigens: Nicht nur über Pressemitteilungen oder Berichten stehen Überschriften. Auch der Betreff über einem Brief ist eine Überschrift und muss weder langweilig noch buchhalterisch sein. Sie können den Betreff nutzen für eine kurze, freundliche Botschaft. Besonders bei Angeboten oder Einladungen empfiehlt sich, den Nutzen für den Leser in der Betreff-Überschrift herauszustellen.

Für die Praxis: Einige spezielle Ratschläge

Was Sie bis hierher gelesen haben, gilt grundsätzlich für alle Texte. Egal, ob Sie einen Brief, einen Bericht, ein Redemanuskript oder ein Fax schreiben: Jeder Text sollte verständlich und interessant sein: mit treffenden, anschaulichen Begriffen, klar strukturierten Sätzen, ohne Phrasen, mit Pfiff und einem roten Faden vom Einstieg bis zum Schluss. Das ist die allgemeine Empfehlung für alle Texte.

Aber natürlich ist nicht jeder Text gleich. Jedes Mal müssen Sie entscheiden: Wer soll ihn lesen? Welchen Zweck erfüllt der Text: Information, Werbung, eine persönliche Botschaft oder Unterhaltung? Wenn Sie diese Fragen beantworten, lassen sich die Regeln des Schreibhandwerks auf jeden Text übertragen. Damit können Sie von der fantasievollen Kurzgeschichte bis zur Gebrauchsanweisung alles schreiben.

Im Arbeitsalltag hängt es bei einzelnen Texten vom Inhalt und vom Anlass ab, ob Sie werbend oder sachlich, forsch oder zurückhaltend formulieren. Persönliche Beileidsschreiben müssen einen anderen Ton treffen als Werbebroschüren für ein neues Putzmittel. Jeder Text ist ein Einzelfall. Und überall gibt es nur einen Maßstab, ob ein Text gut ist: den Leser. Auf die vielen möglichen Inhalte und Anlässe kann ich nicht eingehen. Je nach Textart gibt es jedoch einige Besonderheiten zu berücksichtigen. Deshalb will ich Ihnen zum Abschluss allgemeine Tipps geben für Briefe, Pressemitteilungen und Reden.

Andere Texte sind Abwandlungen davon. E-Mails und Faxe sind die schnellen Verwandten der Briefe. Eine Pressemitteilung informiert oder wirbt sachlich – ähnlich wie Werbetexte, Artikel für die Mitarbeiterzeitung, den Geschäftsbericht, den Internet-Auftritt oder ein Namensartikel in der Zeitung. Eine Rede kann kurz oder lang sein, ein Grußwort oder ein Fachvortrag. Die Anwendungen sind zahlreich und verschieden.

Briefe

Briefe sind die tägliche Öffentlichkeitsarbeit von Behörden, Unternehmen, Verbänden oder Vereinen. Sie prägen das Ansehen einer Einrichtung bei den Empfängern, bei Bürgern, Kunden und Mitgliedern. Niemand möchte den Ruf haben, steif, umständlich oder unfreundlich zu sein. Deshalb geben viele Behörden und Unternehmen Geld aus für Logos, Erscheinungsbilder oder Kampagnen, um freundlich und modern zu wirken.

Aber keine Öffentlichkeitsarbeit kann den Schaden reparieren, den schlechte Briefe Tag für Tag massenhaft verursachen können. Einen schlechten Eindruck machen Briefe, wenn sie so aussehen wie das Beispiel auf Seite 128.

Solche Musterbriefe, bei denen die passende Aussage angekreuzt wird, sind praktisch. Sie ersparen dem Absender Arbeit. Allerdings haben sie Nachteile, die den Vorteil überwiegen. Dieser Brief klingt pflichtbewusst und unpersönlich, macht den Empfänger zur Nummer und lässt ihn Dinge lesen, die nicht auf ihn zutreffen. Herr oder Frau Zander kann nichts dafür. Aber die Verantwortlichen in einer Einrichtung können veranlassen, solche Texte zu ändern. Auch Formtexte können zu Briefen werden.

Briefe sind persönliche Texte. Deshalb sollten sie individuell formuliert und unterschrieben sein. Menschen sind individuell. Deshalb müssen Briefe, die ansprechen sollen, den Empfänger ansprechen. Musterbriefe und Formtexte zum Ankreuzen gehören zum Altpapier. Nichts spricht dagegen, gespeicherte Musterbriefe zu verwenden, wenn Sie jedes Mal auf den einzelnen Empfänger angepasst werden.

Briefe sind persönliche Texte. Sie müssen den Leser individuell und freundlich ansprechen: ohne Floskeln und ohne Belehrungen.

Tel: (04 21)33 39-53 78
GZ: 44 200 08-7683 S

Telefax	Telefon	Datum
(04 21)33 39 41 85	(04 21)33 39-0	02.06.2002

Betr. Verfahren nach dem Schwerbehindertengesetz

Sehr geehrte (r) Frau/Herr Schumann,

über Ihre Angelegenheit konnte noch nicht entschieden
werden, weil
  (x) die ärztliche Überprüfung noch nicht abgeschlossen
      ist.
  ( ) der von/vom   angeforderte Bericht noch nicht
      eingegangen ist.
  ( ) An die Übersendung wurde bereits erinnert.
  ( ) noch weitere Befundberichte von   angefordert
      werden mussten.
Die Akte befindet sich z. Zt. noch bei unserem ärztlichen
Dienst. Sie erhalten so bald wie möglich weitere Nachricht.

Mit freundlichen Grüßen
Im Auftrage

Zander

***Das Schreiben wird maschinell erstellt und daher nicht
unterschrieben.***

Floskeln sind beliebt, weil sie das Briefeschreiben erleichtern. Bei
Empfängern sind sie jedoch nicht beliebt, weil bestimmte Redewendungen das Gegenteil von individuell sind. Vermeiden Sie daher
Floskeln wie: mit der Bitte um, verbleibe ich, mit freundlichen Grüßen, in der Anlage schicke ich Ihnen, anbei erhalten Sie, bezugnehmend auf Ihr Schreiben vom, wir gestatten uns den Hinweis.

Sie sollten den Empfänger auch nicht von oben herab belehren.
Auch wenn Sie es nicht so meinen, würde es ein bisschen nach Ka-
sernenhof klingen, wenn Sie schreiben: Sie erhalten hiermit, ich tei-

le Ihnen mit. Schreiben Sie natürlich und zwanglos, wie Sie mit dem Empfänger sprechen würden, allerdings ohne Verlegenheitswörter und mit vollständigen Sätzen. Und einheitlich. Fangen Sie nicht an mit »mega-bestem Dank für Ihre coole Frage«, um dann zu schreiben: »Darauf bezugnehmend teile ich Ihnen mit«.

Die einzelnen Elemente eines Briefs

- Unser Zeichen, Aktenzeichen oder Geschäftszeichen: dienen der Ordnung und systematischen Ablage von Briefen, nicht der Verwirrung. Solche Zeichen müssen nicht ein Vielfaches der Weltbevölkerung erfassen können, wie dieses Aktenzeichen: 013884-000091020383-MAS. Überlegen Sie im Einzelfall, ob es notwendig ist, ein Geschäftszeichen anzugeben. Wenn ja: Schaffen Sie ein einfaches Ordnungssystem, das mit möglichst wenig Ziffern und Buchstaben auskommt.
- Das Datum: kommt rechtsbündig nach der Adresse in dieser Schreibweise: 7. August 2004. Das ist einfach, unbürokratisch und nicht mit Telefonnummern oder Aktenzeichen zu verwechseln. Formal zulässig sind auch: 07.08.04, 04-08-07 und Abwandlungen dieser Schreibweisen. Sie sind bürokratisch, umständlich und lassen sich verwechseln. Verzichten Sie darauf, auch wenn diese Schreibweisen in kaufmännischen Lehrberufen meistens noch empfohlen werden.
- Der Betreff: steht mindestens drei Zeilen unter dem Datum. Schreiben Sie Ihre Mitteilung in die Betreffzeile: im Fettdruck, ohne den Hinweis »Betr.«, möglichst eine, maximal zwei Zeilen lang und ohne den Punkt als Satzzeichen. Vermeiden Sie allgemeine, nichts sagende und bürokratische Bezüge. Bei Einladungen oder Werbebriefen können Sie herausstellen, was der Empfänger davon hat, wenn er zu einer Veranstaltung kommt oder ein Produkt kauft. Bei anderen Briefen können Sie die Betreffzeile nutzen für eine gute Nachricht, um neugierig zu machen, den Briefinhalt zusammenzufassen oder für eine Botschaft. Schreiben Sie statt »Ihre Anfrage vom 12.08.04« besser: »Ich freue mich über Ihr Interesse« oder »Ich kann Ihre Frage beantworten«.

- **Die Anrede:** ist meistens nicht so gemeint, wie es geschrieben steht. Ich fühle mich nicht geehrt, wenn ich einen Brief bekomme, der so beginnt: »Sehr geehrter Herr Schlote«. Und die wenigsten ehren die Empfänger, wenn sie an »sehr geehrte Damen und Herren« schreiben. Außerdem schafft diese Floskel Distanz. Schreiben Sie die Anrede mindestens zwei Zeilen unter die Betreffzeile. Schaffen Sie mit der Anrede Nähe, und schreiben Sie umgangssprachlich: Guten Tag, Hallo, Liebe Frau Müller, Guten Tag Herr Meyer. Und warum sollte ein ostfriesisches Unternehmen im Brief einen Kunden in Ostfriesland nicht mit »Moin« ansprechen?
- **Die Grußformel am Ende:** sollte keine Formel sein, sondern ebenfalls individuell. »Mit freundlichen Grüßen« wird heute selbst eine dritte Mahnung beendet. Schicken Sie »freundliche Grüße«, wenn Sie es so meinen. Oder: viele Grüße, herzliche Grüße, sonnige Grüße, herbstliche Grüße, beste Grüße. Mit einem kleinen Trick wird jeder Gruß individuell: wenn Sie »freundliche Grüße nach München« schicken, »viele Grüße an die Elbe« oder »herzliche Grüße an Ihre Frau«. Es müssen auch nicht immer Grüße sein. Wünschen Sie »ein schönes Wochenende«, wenn Sie donnerstags schreiben (und sicher sind, dass Ihr Brief am nächsten Tag ankommt). Oder »einen schönen Urlaub«, wenn Sie wissen, dass der Empfänger bald verreist. Vor allem: Schicken Sie freundliche, individuelle Grüße oder Wünsche.
- **Die Unterschrift:** dauert nicht lange. Deshalb sollten Sie sich die Zeit nehmen und jeden Brief unterschreiben, möglichst mit Vornamen und Nachnamen. Einige Unternehmen und Behörden lassen ihre Briefe von den Mitarbeitern nicht unterschreiben. Empfänger möchten jedoch einen Brief von einem Menschen bekommen, keinen maschinell erstellten.
- **Das PS:** ist ein Zusatz, kein wirkliches PS (Post Scriptum). Mit Computern brauchen wir den Platz nach der Unterschrift nicht mehr, um Informationen nachzuholen, die wir im Brief vergessen haben. Trotzdem sollten Sie auf das PS nicht verzichten. Nutzen Sie den Zusatz für eine zusätzliche Botschaft oder einen Dank.

Zur Gestaltung will ich nicht viel schreiben. Nur dies:

- Die angemessene Form für Briefe ist der Flattersatz. Briefe sind individuell. Blocksatz ist standardisiert und die richtige Form für Artikel und Berichte.
- Bleiben Sie bei einer Schriftart, und formatieren Sie den Text zurückhaltend. *Ein* fettes Wort wirkt. Eine wilde Mischung aus fetten, kursiven und unterstrichenen Wörtern, eingerückten Sätzen und zentrierten Botschaften verwirrt, hebt aber nichts heraus.
- Wenn möglich, sollte jeder Brief auf eine Seite passen. Das heißt nicht, dass Sie alles in Schriftgröße 8 einzeilig auf eine Seite quetschen. Die Größe gängiger Schriftarten sollte mindestens 11 sein. Fassen Sie sich kurz und überarbeiten Sie den Text so, dass alles auf eine Seite passt.
- Packen Sie allgemeine Informationen in die Anlage.
- Mit Frankiermaschinen sehen Briefe wie Massenware aus. Individuelle Briefe schicken Sie mit Geduld und Spucke – und Briefmarken.

Manchmal will der Absender keinen Brief schicken, sondern eine Ware, einen Katalog oder eine Broschüre. Trotzdem legt er einen Brief dazu. Viele solcher Briefe sind nur Beipackzettel ohne Inhalt. Und der Leser fragt sich, wieso der Absender ein Begleitschreiben mitschickt. Dieser Brief teilt nichts mit:

> Sehr geehrte (r) Frau/Herr Behrends,
>
> Mit freundlichen Grüßen
> Im Auftrage
> Marschewski
>
> ***Das Schreiben wird maschinell erstellt und daher nicht unterschrieben.***

Dieser Brief ist kein Brief. Er ist in dieser Form überflüssig. Ein Begleitschreiben kann und darf etwas mitteilen. Nutzen Sie die Gelegenheit für eine freundliche Ansprache, Hinweise oder eine Botschaft, auch wenn sie nichts mit der Anlage zu tun haben. Ein Hinweis auf Anlagen ist meistens entbehrlich, da der Empfänger den Brief mit den Anlagen erhält und den Zusammenhang erkennt. So geht es auch:

Guten Tag Frau Behrends,

danke für Ihren Brief. Gerne schicke ich Ihnen die
gewünschten Informationen.
Wenn Sie Fragen haben, melden Sie sich bitte.

Viele Grüße nach Stuttgart

Alfred Marschewski

Begleitschreiben sind keine lästige Pflichtübung. Nutzen Sie die Gelegenheit für freundliche Worte oder eine interessante Botschaft.

Pressemitteilungen

Es lohnt sich, die Presse zu informieren. Artikel in der Zeitung sind kostenlose Werbung oder Öffentlichkeitsarbeit. Sie zahlen zwar nichts dafür; Sie müssen jedoch etwas zu bieten haben. Zunächst nicht dem Leser, sondern dem Redakteur. Er prüft, ob Ihre Mitteilung einen Nachrichtenwert hat: Ist sie neu, wichtig, interessant oder kurios? Bevor Sie die Presse informieren, sollten Sie selbst prüfen, ob das interessant ist, was Sie zu bieten haben. Wenn nicht, dann verzichten Sie lieber auf eine Pressemitteilung. Sonst machen Sie dem Redakteur überflüssige Arbeit. Wenn Sie das häufiger tun, wird er Ihre Mitteilungen vielleicht auch dann ignorieren, wenn Sie tatsächlich Interessantes mitzuteilen haben. Verzichten Sie deshalb auf allgemeine Kommentare, umständliche Details oder lange und komplizierte Darstellungen.

Wenn Sie sich für eine Pressemitteilung entscheiden: Ihre Mitteilung konkurriert mit vielen anderen um die Aufmerksamkeit der Journalisten. Wecken Sie Interesse bei dem Redakteur. Nehmen Sie ihm Arbeit ab, indem Sie auf einer Seite kurz, umfassend und übersichtlich informieren und Einzelheiten auf einem zusätzlichen Blatt erläutern.

Das sollten Sie außerdem beachten:

- Machen Sie auf der Pressemitteilung klar, wer der Absender ist. Dazu können Sie den Kopf eines Briefbogens abwandeln.
- Vielleicht hat der Redakteur Fragen. Nennen Sie daher einen Ansprechpartner mit Telefonnummer und E-Mail-Adresse.
- Mit der Überschrift wecken Sie Aufmerksamkeit. Bringen Sie Ihre Botschaft kurz und griffig, aber nicht reißerisch auf den Punkt.

- Im Untertitel können Sie die Überschrift erläutern. Überschrift und Untertitel werden ohne den Punkt als Satzzeichen geschrieben, auch wenn es vollständige Sätze sind.
- Journalisten kürzen meistens von hinten. Fangen Sie daher nach einem kurzen Einstieg mit der wichtigsten Nachricht an. Erläutern Sie die Hauptsache, und gehen dann auf Hintergründe ein.
- Sie sparen sich Arbeit, wenn Sie im Text alle notwendigen Informationen schreiben. Dann muss der Redakteur nicht fragen. Zu den notwendigen Informationen gehören die Antworten auf die sechs W-Fragen: Wer? Was? Wann? Wo? Wie? Warum?

Ein Beispiel: Stellen Sie sich vor, Sie informieren die Presse über einen Tag der offenen Tür. Diese Informationen gehören in die Pressemitteilung:

- Wer? Firma Kran- und Gerüstbau Meyer GmbH;
- Was? Tag der offenen Tür;
- Warum? 20-jähriges Firmenjubiläum;
- Wann? am Samstag, dem 17. August von 10 bis 18 Uhr;
- Wo? auf dem Firmengelände am Industrieweg 11 in Dortmund;
- Wie? Besichtigung der Werkshallen, Vorführung von Kränen, Ballonfahrt, Lotterie.

Auch bei den Zeitungen arbeiten Menschen. Schicken Sie den Journalisten die Pressemitteilung zusammen mit einem persönlichen Brief. Im Begleitschreiben können Sie auf den Nachrichtenwert der Pressemitteilung hinweisen, indem Sie die Nachricht mit einem oder zwei Sätzen zusammenfassen. Außerdem können Sie zusätzliche, kurze Informationen geben, auf einen Termin hinweisen oder ein Gespräch anbieten.

> Artikel in der Zeitung sind kostenlose Öffentlichkeitsarbeit. Sie müssen aber etwas zu bieten haben: mit einer interessanten, kurzen Pressemitteilung.

Wenn Sie mit einer Pressemitteilung zu einer Veranstaltung einladen, können ein oder mehrere Journalisten kommen, um über die Veranstaltung zu berichten. Halten Sie für diesen Fall mehrere Exemplare der Pressemitteilung bereit.

Redemanuskripte

Wer gut frei reden kann, hat Glück: Er kann sich die Arbeit sparen, ein Redemanuskript zu schreiben. Wer das nicht kann, sollte auf ein Manuskript vertrauen. Auch eine Rede vom Blatt kann sehr gut sein. Vorausgesetzt, sie ist gut formuliert und wird lebendig vorgetragen. Zum Aufbau einer Rede erinnere ich an das, was ich allgemein über den Aufbau von Texten geschrieben habe. Auch Reden haben die Reihenfolge: Einleitung – Hauptteil – Schluss. Wie Sie den Hauptteil aufbauen, hängt von Ihnen, vom Inhalt und von der Redezeit ab. Möglich ist: Standpunkt – Begründung – Beispiel – Schlussfolgerung; oder: Situation – Ziel – Lösungsalternativen – Problemlösung. Oder was Sie für sinnvoll halten.

Wichtiger als die spezielle Struktur des Textes sind ein roter Faden und gelegentliche Wachmacher: pfiffige Ideen, Anekdoten, Wortspiele oder Überraschungen. Der Zuhörer hört den Aufbau nicht. Im Unterschied zum Leser kann der Hörer auch nicht zurückblättern oder nachschlagen. Deshalb sind die Anforderungen an die Wortwahl und den Satzbau bei einem Redemanuskript noch schärfer. Jeder Satz muss für den Zuhörer sofort verständlich sein.

Da die Redezeit in der Regel begrenzt ist, müssen Sie sich auch stärker als bei einem Lesetext auf das Wesentliche beschränken. Wenn die Redezeit nicht begrenzt ist, tun Sie sich und dem Zuhörer Gutes, wenn Sie bedenken: Man kann über alles reden, nur nicht über 30 Minuten. Inhaltlich müssen Sie Ihre Aussagen also vielleicht stark verdichten. Gleichzeitig sollten Sie gelegentlich sprachlich Überflüssiges einbauen, um dem Zuhörer das Verständnis zu erleichtern: mit Wiederholungen und gelegentlichen Füllwörtern.

Ein paar Tipps, wie Sie für sich Überblick im Redemanuskript schaffen, Versprecher vermeiden und nach einem Ausflug in die freie Rede den Anschluss wieder finden:

- Wählen Sie eine Schriftgröße, die Sie mit Abstand einfach und problemlos lesen können.
- Verzichten Sie auf Silbentrennung am Ende einer Zeile.
- Schließen Sie den letzten Satz am Ende einer Seite ab. Wenn das nicht geht: Beginnen Sie den Satz unbedingt erst auf der nächsten Seite.
- Machen Sie eine Leerzeile zwischen zwei Absätzen.
- Markieren Sie Schlüsselbegriffe oder wichtige Sätze.
- Gliedern Sie den Text für sich optisch mit Spiegelstrichen, Aufzählungen oder Zwischenüberschriften.

Sie müssen nicht wie gedruckt reden. Denn Sie können ein Redemanuskript schreiben wie gut gesprochen. Und mit einem übersichtlichen Manuskript vermeiden Sie Versprecher.

Eine gute Rede wird gerne gehört – und vielleicht auch gerne gelesen. Daher ein letzter Rat: Kopieren Sie das Redemanuskript vorher einige Male und nehmen Sie die Kopien mit zur Veranstaltung. Vielleicht sind unter den Zuhörern Journalisten, die berichten wollen, was Sie zu sagen haben. Mit einer Kopie des Manuskripts können die Journalisten interessante Passagen Ihrer Rede später noch einmal lesen. Auch der Veranstalter freut sich über ein Exemplar des Redemanuskripts, wenn er Ihre Rede später abdrucken will.

Aus gutem Grund: Argumente für gute Texte

Wenn Sie bis hierher gelesen haben, dann wissen Sie bereits, wie Sie gute Texte schreiben können. Nach einiger Zeit werden Sie das wie selbstverständlich tun. Dennoch ist ein bisschen Übung notwendig. Und gerade am Anfang kostet es Zeit, an einem Text zu feilen. Also wozu der Aufwand?

Vielleicht muss ich Sie schon nicht mehr überzeugen, dass der Aufwand sich lohnt. Ich will Ihnen trotzdem einige gute Gründe sagen. Sie sollen Sie motivieren, sich in den nächsten Wochen und Monaten die Mühe zu machen. Und Sie haben damit auch Argumente für andere Menschen, denen Sie Ihre Tipps verraten oder die Sie von Ihren Texten überzeugen wollen.

Ein guter Stil beim Schreiben ist eine nützliche Qualifikation. Jedoch hilft sie nicht immer der Karriere. Deshalb werde ich Ihnen zunächst einen Grund nennen, der nicht überzeugt, gute Texte zu schreiben. Anschließend nenne ich Ihnen die guten Gründe. Allerdings gibt es auch einen guten Grund, schlechte Texte zu schreiben. Den will ich Ihnen ebenso wenig vorenthalten wie die schlechten Gründe, um schlechte Texte zu schreiben. Auf diese »Argumente« werden Sie im Alltag immer wieder stoßen. Dann ist es hilfreich, sie zu kennen, um sich mit Einwänden auseinander zu setzen.

Ein schlechter Grund für gute Texte: »Ich will Lob«

Es gibt einen schlechten Grund, gute Texte zu schreiben. Ich warne davor, weil Sie enttäuscht werden können, wenn Sie Lob oder Beförderung für gute Texte erwarten. Das kann passieren. Dank und Anerkennung gibt es manchmal. Sie sind jedoch selten und sollten daher nicht Ihr Motiv sein.

Häufiger sind andere Reaktionen. Das ist verständlich, weil vielleicht nur wenige Menschen Ihre Leistung beurteilen können, wenn Sie lebendig und verständlich schreiben. Oft reagieren Kollegen und Vorgesetzte daher mit

- Gleichgültigkeit: Das ist eine angemessene Reaktion, mit der Sie leben können. Dann kommentiert zwar niemand Ihre Texte, wenn sie gut sind. Aber es mäkelt auch niemand daran herum. Damit lässt es sich gut leben und arbeiten. Sie loben ja auch nicht ständig die Arbeit von Kollegen, die in ihrem Bereich gute Arbeit leisten.

- Neid: Er kann sich äußern in Kommentaren wie »Das hätte ich auch gekonnt« oder »Der Aufwand ist übertrieben«. Diese Reaktionen haben damit zu tun, dass Schreiben ein sensibles Thema ist, weil jeder seit dem Deutschunterricht in der Schule schreiben kann. Gutes Schreiben ist in vielen Betrieben nicht als eine besondere Qualifikation anerkannt, deren Wert geschätzt wird.

- falscher Anerkennung: Wenn Sie Experte für gute Texte sind, werden Sie schnell zuständig für alles, was zu schreiben ist. Das beginnt meistens mit den Worten: »Sie können doch gut formulieren. Wir müssen ...« Das bedeutet, *Sie* müssen. Nehmen Sie es als Kompliment, auch wenn Sie dafür gelegentlich die Arbeit anderer Leute machen. Wenn Sie allerdings einen Text nicht schreiben können, weil Sie von der Sache nichts verstehen, kann auch schon mal der Kommentar kommen: »Ich dachte, Sie könnten schreiben.« In dem Fall bitten Sie am besten um einen Textentwurf von einem Kollegen, der Experte auf dem Fachgebiet ist. Machen Sie sich die Mühe und überzeugen Sie Ihre Kollegen vom Sinn und Zweck einer professionellen Arbeitsteilung.

Dank können Sie von den Lesern erwarten. Es ist allerdings ein stiller Dank, denn selten sagt jemand wirklich »danke« zu Ihnen. Umso mehr können Sie sich freuen, wenn eine freundliche Antwort kommt, ein Leserbrief oder eine Bestellung – je nachdem, was Sie geschrieben haben. Oft erfahren Sie nicht, wie die Leser reagieren. Deshalb: Schreiben Sie gute Texte, weil Sie selbst gute Texte mögen. Und freuen Sie sich, wenn *Sie* mit Ihrem Text zufrieden sind.

Zehn gute Gründe, gute Texte zu schreiben

Es gibt nur einen schlechten Grund, aber weitaus mehr gute Gründe, verständlich und interessant zu schreiben. Die wichtigsten Motive liste ich Ihnen hier auf.

Erster Grund:
»Ich möchte, dass mein Text gelesen wird«

Sie können lügen oder die Wahrheit schreiben, bitten, drohen oder einen Witz machen: Wenn es keiner liest, war die Arbeit umsonst. Dass ein Text gelesen wird, ist das erste Interesse, das jeder Schreiber hat. Der Leser hat meistens nicht auf Ihren Text gewartet. Also müssen Sie sein Interesse wecken.

Dabei haben Sie Konkurrenz: Nicht nur andere Briefe, Artikel und Meldungen, sondern auch Radio, Fernsehen und Internet buhlen um die Aufmerksamkeit von Menschen. Ein guter Text kann sich dann aus der Masse herausheben. Zum Beispiel ein Brief: Ihr Text hat zwar keinen Einfluss darauf, ob ein Brief geöffnet wird. Aber danach steigt die Wahrscheinlichkeit, dass Ihr Brief gelesen wird,

- wenn sich der Leser mit einem Blick orientieren kann,
- wenn die Überschrift Interesse weckt,
- wenn die Anrede freundlich und individuell ist und
- wenn der erste Satz neugierig macht.

Zweiter Grund:
»Gute Texte liest man gerne – bis zum Schluss«

Wenn die erste Hürde genommen ist, soll der Leser erst wieder aufhören zu lesen, wenn er alles gelesen hat. Dafür muss der gesamte Text gut sein. Denn gute Texte liest man gerne bis zum Schluss. Nur wenige Texte müssen gelesen werden. Wenn Sie kein Bestseller-Autor sind, der erwarten darf, dass viele Menschen seine Werke lesen wollen, dann sollten Sie interessant, verständlich und anschaulich schreiben.

Dritter Grund:
»Ich möchte verstanden werden«

Wer schreibt, möchte nicht nur, dass sein Text gelesen, sondern auch verstanden wird. In einem Gespräch können wir jederzeit nachfragen, wenn wir etwas nicht verstanden haben. Wer einen Text liest, möchte nicht nachfragen und kann es meistens auch nicht. Deshalb will ein Leser sofort verstehen, was er liest. Mit klar strukturierten Sätzen, lebendigen Wörtern und verständlichen Begriffen helfen wir ihm, uns zu verstehen. Und wir helfen uns, unser Ziel zu erreichen, nämlich den Leser.

Vierter Grund:
»Es gibt viele Gelegenheiten, gute Texte zu schreiben«

Neben dem Gespräch sind Texte der einzige Weg, Menschen anzusprechen. Mit schlechten Texten wird eine Chance vertan, freundlich und verständlich zu informieren, Interesse zu wecken oder Sympathie zu erzeugen. Das muss nicht sein. Es gibt viele Gelegenheiten für gute Texte: zum Beispiel, wenn Sie ein Fax, E-Mails oder Briefe schreiben. Oder wenn Sie Artikel für den Internet-Auftritt, Berichte für die Mitarbeiterzeitung oder Beiträge für den Geschäftsbericht verfassen. Und wenn Sie mit einer Pressemitteilung die Öffentlichkeit informieren wollen.

Fünfter Grund:
»Ich möchte überzeugen und neugierig machen«

Schwer verständliche Texte locken niemanden. Wer überzeugen und neugierig machen will, muss verständlich schreiben, damit ihn der Leser wahrnimmt und versteht. Das alleine reicht aber nicht. Auch langweilige Texte können verständlich sein und trotzdem müde machen. Gute Texte sind anschaulich und interessant geschrieben. Das ist Handwerk und hat nichts mit Marktschreierei zu tun.

Sechster Grund:
»Gute Texte sind Geld wert«

Das gilt nicht für alle Texte, aber für alle Texte, die werben. Dazu gehören beispielsweise Prospekte, Artikel im Internet oder Massenbriefe, mit denen ein Unternehmen neue Kunden für ein Produkt gewinnen will.

Auf übersichtliche Texte, die einen Nutzen für die Kunden anschaulich erläutern, reagieren deutlich mehr Menschen als auf verwirrende, steife Texte mit vielen Floskeln. Ein Kommunikationsberater schätzte, dass deutsche Unternehmen dadurch jedes Jahr »Milliarden Mark an Umsätzen verschenken« (Wirtschaftswoche vom 16. März 2000).

Je ansprechender die Texte sind, desto häufiger reagieren Kunden auf ein Angebot. Oft kommt es vor, dass eine Firma viel Geld für eine Werbeaktion ausgibt, zum Beispiel für einen Massenbrief. Das Papier, der Druck, Briefumschläge und Porto kosten vielleicht mehrere Tausend Euro. Dann ist es völlig unverständlich, wenn der Werbetext von einem Ingenieur zwischen zwei Besprechungen in der Mittagspause geschrieben wird. Zeit wäre in diesem Fall Geld – nämlich dann, wenn sich ein Profi die Zeit nimmt, am Text zu feilen.

Siebter Grund:
»Ich möchte beim Leser Sympathie erzeugen«

Ihre Texte beeindrucken den Leser, so oder so. Welchen Eindruck Sie machen, hängt davon ab, wie Sie schreiben. Texte wirken – genau wie Visitenkarten, Türschilder und Briefbögen. Erinnern Sie sich? Jeder Text hat eine zweite Botschaft. Keine Sympathie erzeugen Sie mit den Botschaften »Ich bin schludrig« oder »Für Sie mache ich mir keine Mühe«.

> Sie machen einen guten Eindruck, wenn der Leser Ihren Text versteht, interessant findet und neugierig wird.

Das heißt nicht, dass Sie nur möglichst oft schreiben: danke, bitte, gerne und freundliche Grüße. Das ist vordergründig freundlich, allerdings auch nicht verkehrt, wenn es angemessen ist. Sympathie erzeugen Sie aber vor allem, wenn der Leser Ihren Text versteht, interessant findet und neugierig wird. Mit anderen Worten: Sie sind sympathisch, wenn der Leser Ihren Text gerne liest.

Achter Grund:
»Auch schlechte Texte machen Arbeit«

Diese Tatsache wird gerne übersehen. Sie stimmt aber, sogar im doppelten Sinn. Erstens: Wer sich entscheidet, etwas zu schreiben, macht sich in jedem Fall Arbeit. Wenn der Text dann unverständlich und langweilig ausfällt, hat er den gleichen Effekt, als wenn er nicht geschrieben worden wäre. Das wäre dann allerdings entschieden ökonomischer.

Zweitens: Einige schlechte Texte machen auch beim Schreiben mehr Arbeit. Das gilt besonders für komplizierte Satzstrukturen. Es ist nämlich anstrengend, einen Satz mit zwei oder drei eingeschachtelten Nebensätzen zu schreiben, ohne selbst den Faden zu verlieren. Mit ein bisschen Übung sind drei Sätze einfacher und schneller formuliert, wenn sie klar und übersichtlich strukturiert sind.

Neunter Grund:
»Ich möchte Spaß am Schreiben haben«

Wenn Sie so denken, können Sie sich gratulieren. Denn das ist der beste Grund, gute Texte zu schreiben. Sie können sich höchstens selbst enttäuschen, wenn Sie mit dem Ergebnis nicht zufrieden sind. Ich verspreche Ihnen: Es macht Spaß, gute Texte zu schreiben. Dann brauchen Sie auch keinen Dank und keine Anerkennung, kein Lob und keine Beförderung dafür. Sie machen sich selbst die größte Freude, wenn Sie gerne lesen, was Sie geschrieben haben.

Zehnter Grund:
»Gute Texte sparen Zeit«

Einfache, klar strukturierte Sätze sparen Zeit, weil sie sich schneller schreiben lassen als verschachtelte Sätze, die fünf Aussagen zwischen zwei Punkte quetschen. Dieses Argument hatte ich schon. Deshalb ein zweites Argument: Wenn ich einen Brief nicht verstehe, rufe ich den Absender an und frage nach. Das kostet meine Zeit – und seine. Gute Texte sind verständlich. Und verständliche Texte sparen Zeit für Nachfragen und für Antworten.

Allerdings spart nicht jeder gute Text Zeit. Einige machen mehr Arbeit als lieblose, langweilige Texte. Wer anschaulich, lebendig und interessant schreiben will, muss länger nachdenken, ausprobieren und feilen. Außerdem: Ein guter Werbetext kann zusätzlichen Zeitdruck erzeugen, wenn Sie sich anschließend vor den vielen Bestellungen nicht mehr retten können. Das allerdings wäre ein sehr schlechter Grund, um schlechte Texte zu schreiben.

Ein guter Grund für schlechte Texte: »Der Chef will das so«

Es gibt einen guten Grund, schlechte Texte zu schreiben. Egal, ob Sie Angestellter oder Freiberufler sind: Wenn Ihr Vorgesetzter oder Ihr Auftraggeber unbedingt einen unfreundlichen, langweiligen, steifen, unverständlichen Text von Ihnen haben möchte, dann sollte er ihn auch bekommen.

Davon können und sollten Sie allerdings nicht ausgehen. Und meistens stellt sich das erst heraus, wenn Sie Textentwürfe besprechen. Sie können dann um jede Formulierung feilschen. Wichtiger wäre es, Ihren Gesprächspartner vom Sinn und Zweck eines lebendigen, freundlichen und verständlichen Textes zu überzeugen. Endlose Diskussionen im Detail helfen nicht, wenn Ihr Vorgesetzter oder Auftraggeber auf seinen Formulierungen beharrt.

Auch dann nicht, wenn Sie überzeugt sind, dass Ihre Formulierungen besser sind. Ihr Vorgesetzter oder Auftraggeber hat die Verantwortung für den Text. Dann sollten Sie Ihre Aufgabe pragmatisch sehen. Wenn Sie allerdings Ihr eigener Chef sind, dann gibt es keinen guten Grund, schlechte Texte zu verfassen.

Zehn schlechte Gründe, schlechte Texte zu schreiben

Abgesehen von diesem Sonderfall gibt es keine guten Gründe, schlechte Texte zu schreiben. Wenn Sie ansprechend schreiben, dann werden Sie auch keine Entschuldigungen suchen, warum ein Brief oder Bericht holprig klingt, sondern am Text feilen.

Es gibt nur einen guten Grund, schlechte Texte zu schreiben: wenn der Chef das so will. Alles andere sind schlechte Ausreden.

Allerdings werden Sie manchmal von anderen Menschen Erklärungen hören, warum das überflüssig ist: von Fachleuten, deren Beiträge Sie überarbeiten, von Kollegen, die Sie bitten, »einmal einen Blick auf diesen Bericht zu werfen« oder von Vorgesetzten, die sich wundern, »warum Sie so lange für den Redeentwurf gebraucht haben«. Im Büroalltag können Sie gelegentlich mit den folgenden Einwänden konfrontiert werden.

Erster Grund:
»Ich kann schreiben«

»Ich kann schreiben« ist eine mögliche Reaktion von Fachleuten, deren Texte ein Redakteur überarbeitet. Gelegentlich hören Sie vielleicht noch den Zusatz: »Das ist ausgefeilt, daran muss nichts geändert werden.«

Solche Einwände widersprechen einer sinnvollen Arbeitsteilung. Wer Experte für ein Thema ist, sollte ein Interesse daran haben, dass dieses Thema verständlich aufbereitet wird. Ein Architekt muss keine gute Pressemitteilung schreiben, ein Redakteur muss nichts vom Häuserbauen verstehen. Beide zusammen können einen interessanten Bericht machen. Erklären Sie den Kollegen in diesem Fall, dass es auch in ihrem Interesse ist, wenn Sie den Text überarbeiten.

147

Zweiter Grund:
»Der Leser muss meinen Text lesen«

Das ist meistens falsch. Der Leser muss meistens nichts. Er kann einen Text lesen, wenn er möchte. Er kann es aber auch lassen. Dass ein Leser den jeweiligen Text lesen muss, denken viele. Besonders in Behörden ist diese Ansicht verbreitet, wenn ein Brief ein hoheitlicher Akt ist. Diese Ansicht mag sogar korrekt sein. Weiter hilft sie aber meistens nicht, wenn ein Bescheid verschickt wird oder Unterlagen von Bürgern angefordert werden. Auch dann lohnt sich die Mühe, einen Brief freundlich und verständlich zu schreiben. Schließlich muss der Bürger den Brief nicht nur lesen; er soll ihn auch tatsächlich lesen.

Dritter Grund:
»Andere schreiben auch so«

Wenn wir bei einer roten Ampel über die Straße laufen, geht es meistens gut. Und meistens merkt es auch niemand. Dass andere es tun, sollte jedoch kein Grund sein, es selbst zu tun. Beim Schreiben ist es ähnlich. Und mehr noch: Schließlich schreiben wir, damit es jemand merkt. Dabei ist der Hinweis, dass »andere auch so schreiben«, manchmal sogar richtig. Das allerdings ist kein gutes Argument, um steif und umständlich zu formulieren, auch wenn andere das tun.

Dahinter steckt nicht nur Bequemlichkeit, sondern häufig auch Unsicherheit und Angst: Wie muss ich etwas ausdrücken? Was kann passieren, wenn ich es anders mache? Weil sie keine Fehler machen wollen, orientieren sich viele bei ihrem Schreibstil gern an dem, was sie kennen: von den Eltern, von Kollegen, von Behörden oder Unternehmen. Das ist jedoch nicht der Maßstab. Wer schreibt, sollte sich daran orientieren, wem er schreibt und was er mitteilen oder erreichen möchte. Schön, wenn es dafür eine gute Vorlage gibt. Wenn nicht, dann heißt es: selbst schreiben.

Vierter Grund:
»Texte müssen korrekt sein, nicht schön«

Korrekt! Aber nur halb. Der Satz ist eine Schutzbehauptung, meistens von Experten. Wenn sie bei Rot über die Ampel fahren, sagt allerdings kaum einer von ihnen: »Ich habe die Lichtzeichenanlage missachtet.« Das wäre korrekt.

Viele Texte sind korrekt, aber leider nicht schön: also das Gegenteil von verständlich, interessant, ansprechend. Ich behaupte, dass ein Text gut sein kann – und trotzdem korrekt, auf jeden Fall ausreichend korrekt. »Erziehungspersonen« ist beispielsweise der korrekte Begriff für alle, die in der Familie Kinder erziehen (und dafür später Geld von der Rentenversicherung erhalten). Wer »Eltern« statt »Erziehungspersonen« schreibt, ist nicht hundertprozentig korrekt; schließlich gibt es nicht nur Mütter und Väter, sondern auch Adoptiveltern oder Verwandte, die Kinder erziehen. »Eltern« ist aus meiner Sicht jedoch ausreichend korrekt – und vor allem verständlicher.

Ein Text kann gut und korrekt sein, wenn Fachleute und Redakteure offen miteinander um die beste Formulierung ringen. Falsch ist die Unterstellung vieler Fachleute, ein Texter hätte das Motto: Texte müssen schön sein, nicht korrekt. Das gilt vielleicht gelegentlich in der Werbung, aber nicht für einen guten Text.

Fünfter Grund:
»Ich habe keine Zeit, am Text zu feilen«

Das ist schade, meistens nicht richtig und vielleicht zu ändern. Erstes Gegenargument: Viele Menschen hätten Zeit dafür, nehmen sie sich aber nicht. Das hat damit zu tun, wie wichtig uns das ist, was wir tun. Wer keine Zeit hat, am Text zu feilen, dem ist der Text nicht wichtig genug.

> Nehmen Sie sich lieber Zeit, wenn Sie schreiben – und kein schlechtes Beispiel.

Manchmal ist das durchaus angemessen. Ein Begleitbrief ans Finanzamt, mit dem Unterlagen nachgereicht werden, muss keinen Unterhaltungswert haben. Wer Kunden ein Angebot schickt, sollte sich dagegen Zeit für die Formulierungen nehmen. Zweites Gegenargument: Wer weiß, wie man klar und kurzweilig schreibt, der achtet schon beim ersten Entwurf darauf. Und kann den Text im zweiten Durchgang flott überarbeiten. Sicher dauert es meistens ein bisschen länger, einen guten Text zu schreiben und zu überarbeiten, bis er druckreif ist. Aber die zusätzliche Zeit ist gut investiert.

Sechster Grund:
»Für die meisten Texte haben wir Bausteine«

Textbausteine können die Arbeit erleichtern – wenn sie gut sind. Wenn nicht, dann haben sie leider alle Nachteile eines schlechten Textes, den man selbst geschrieben hat. Jede Firma arbeitet mit Mustertexten, besonders bei Briefen. Oft sind viele dieser Bausteine jedoch veraltet, umständlich formuliert und vor allem nicht für jeden Fall genau passend. Wer Textbausteine nutzt, ohne sie zu prüfen, hat trotzdem die Verantwortung dafür.

Deshalb: Jeder Mustertext, den jemand anderes geschrieben hat, sollte überprüft werden. Wenn der Text gut ist, kann man ihn verwenden. Auch eigene Textbausteine kann man entwickeln. Das empfiehlt sich, wenn man bestimmte Informationen regelmäßig verschickt. Aber auch dann ist jeder Baustein nur ein Entwurf für einen neuen Text.

Siebter Grund:
»Ich habe keine Lust, am Text zu feilen«

Gegen diese Ausrede helfen weder Geld noch gute Worte. Gegen Unlust gibt es keine Gegenargumente. Nur selten hilft der Hinweis, dass der Appetit beim Essen kommt. Wer gelernt hat, wie man gut schreibt, hat oft auch Lust, an Texten zu feilen. Das macht Spaß!

Achter Grund:
»Bisher hat sich noch niemand beschwert«

Das ist kein guter Vorwand, um schlechte Texte zu schreiben. Der Autor erfährt selten, wie der Leser reagiert: ob er den Text überhaupt liest, ob er ihn versteht, ob er neugierig geworden ist. Das ist übrigens auch bei guten Texten so. Hinzu kommt, dass viele Leser einen Text nicht professionell beurteilen.

Ein schlechter Text fällt auch nicht besonders auf, weil viele Briefe, Berichte oder Artikel umständlich geschrieben sind. Leser nehmen das meistens nicht bewusst wahr. Sie lesen einfach – oder eben nicht. Sie verstehen den Text – oder nicht. Sie werden neugierig – oder nicht. Das bedeutet: Der Autor muss selbstkritisch einschätzen, ob sein Text verständlich und interessant ist.

Neunter Grund:
»Ich habe kein Talent zum Schreiben«

Dann wird es wahrscheinlich nichts mit dem Literaturnobelpreis. Das heißt aber nicht, dass deshalb Briefe unfreundlich, Pressemitteilungen spröde und Berichte unverständlich ausfallen müssen. Ein guter Schreiber braucht kein Talent: Er muss sein Handwerk beherrschen. Dieses Handwerk kann jeder lernen.

Zehnter Grund:
»Der Leser soll mich bewundern«

Das gibt niemand zu, denken aber einige. Sie wollen dem Leser imponieren: durch verdrehte Sätze, Fach- und Fremdwörter, aufgeblähte Floskeln oder viele Synonyme. Das imponiert jedoch nicht, sondern schreckt ab. Texte sind ungeeignet, um andere Menschen zu beeindrucken. Wer imponieren will, sollte lieber 100 Meter unter zehn Sekunden laufen. Ein Autor soll informieren, unterhalten oder werben, nicht imponieren.

Zum Schluss geht es los

Ratgeber werden gerne kritisiert, wenn Autoren gegen ihre eigenen Regeln verstoßen. Ich sehe das sportlich: Wenn Sie Sätze, Wörter oder Phrasen in diesem Buch finden, die gutem Stil widersprechen, dann gratuliere ich. Sie haben sich die Grundsätze für gute Texte bereits angeeignet. Wenn Sie bei fremden Texten kritisch auf den Stil achten, trainieren Sie Ihr Sprachgefühl auch für eigene Texte. Darum: Finden Sie Fehler – und sagen Sie mir Bescheid. Lesen Sie auch Texte von anderen Autoren mit einem kritischen Blick. Zücken Sie einen Stift, überarbeiten Sie fremde Texte. Das schärft den Blick.

Eine zweite Anmerkung, die nichts entschuldigen, sondern ermutigen will: Texte sind selten perfekt. Es geht auch nicht um richtig oder falsch, sondern um guten oder schlechten Stil. Das perfekte Ideal finden Sie selten, sondern meistens nur eine Annäherung. Man kann einen Text optimieren, aber auch gute Texte schreibt der Autor bei der nächsten Gelegenheit vielleicht wieder etwas anders. Ein annähernd guter Text ist immer besser, als blindlings drauflos zu schreiben.

Das Wichtigste im Überblick

Niemand lernt auswendig, was in einem Buch steht. Sicher möchten Sie auch nicht bei jeder Gelegenheit nachschlagen, was im Einzelnen für gute Texte empfohlen wurde. Mit dieser Zusammenfassung haben Sie das Wichtigste im Überblick. Beachten Sie, bevor Sie einen Text beginnen:

- Die erste Frage vor dem Schreiben lautet: Wer soll das lesen?
- Dann überlegen Sie, was Sie schreiben wollen. Legen Sie einen roten Faden fest, sortieren Sie Ihre Informationen und Gedanken in einer sinnvollen Reihenfolge: mit einem kurzen Einstieg, dem Hauptteil und einem Schluss, der den Text nicht plötzlich abbricht.
- Korrekte Texte sind nicht immer gut. Gute Texte sind korrekt. Aber vor allem sind sie verständlich, interessant, lebendig, ansprechend und übersichtlich.

Gute Texte sind keine Zauberei, sondern Handwerk. Eine gute Wortwahl und ein übersichtlicher Satzbau sind die Pflicht:

- Schreiben Sie anschaulich: mit einfachen und treffenden Begriffen, ohne Amtsdeutsch, Begriffsschlangen und aufgeblähte Redewendungen.
- Nutzen Sie aktive Verben ohne Spagat.
- Seien Sie sparsam mit Eigenschaftswörtern, nicht nur bei weißen Schimmeln.
- Verzichten Sie auf Geheimsprache. Erläutern Sie Fachausdrücke, Fremdwörter und Abkürzungen, wenn sie notwendig sind.
- Schaffen Sie Ordnung im Kopf und auf dem Papier: mit übersichtlichen Satzstrukturen.

- Vermeiden Sie Schachtelsätze und Ketten. Machen Sie aus einzelnen Aussagen eigene Sätze. Das Wichtigste gehört in den Hauptsatz, Ergänzungen stehen im Nebensatz.
- Wechseln Sie einfache, kurze Sätze ab mit Sätzen, die einen Nebensatz haben.

Damit gute Texte noch besser werden, folgt auf die Pflicht die Kür:

- Streichen Sie Phrasen. Prüfen Sie Bilder, ob sie stimmig sind.
- Würzen Sie Texte vorsichtig: mit pfiffigen Ideen, intelligenten Wortspielen, gedrehten Sprichwörtern und Zitaten, originellen Bezügen, Überraschungen und Widersprüchen.
- Sprechen Sie den Leser freundlich an ohne Unterstellungen, Vorwürfen oder Drohungen.
- Man kann schreiben, wie man spricht. Das ist lebendiger. Streichen Sie aber alles, was stört, weil es in der Schriftsprache nichts zu suchen hat.
- Helfen Sie dem Leser oder Hörer mit überflüssigen Wörtern und Sätzen, einen Text zu verstehen: beim Einstieg, zur Erläuterung, als Wiederholung und in Redetexten.
- Wiederholen Sie Namen, anstatt den Leser zu verwirren mit Synonymen und Fürwörtern.
- Formulieren Sie Aussagen möglichst positiv. Verzichten Sie auf doppelte Verneinungen.
- Setzen Sie Zeichen: Punkt und Komma, Doppelpunkte, einfache Gedankenstriche, Fragezeichen und das Semikolon. Vorsicht bei Klammern, Ausrufezeichen, drei Punkten, doppelten Bindestrichen und Anführungszeichen.
- Vermeiden Sie Zahlendschungel und Ziffernsalat.
- Beeindrucken Sie den Leser mit Ihren Gedanken, nicht mit fremden Zitaten.
- Machen Sie neugierig mit der Überschrift. Die Überschrift ist keine Formalität.

Ein letzter Tipp: Ein Text wird besser, wenn Sie den Entwurf überarbeiten. Gute Autoren machen eine zweite oder sogar dritte Fassung. Testen Sie dafür einen Text, nachdem Sie ihn geschrieben haben und bevor Sie ihn veröffentlichen oder verschicken. Wenn die Zeit reicht, können Sie Verwandte, Bekannte oder Kollegen bitten, einen Text zu lesen. Testleser sind unbefangen, weil sie nicht an Begriffen und Formulierungen hängen. Sie können sachlich beurteilen, ob sie den Text verstehen, interessant und ansprechend finden.

Nicht immer reicht die Zeit dafür. Dann sind Sie der Testleser. Lesen Sie Ihren Text mit Abstand, als ob Sie ihn das erste Mal lesen. Versuchen Sie zu vergessen, was Sie als Fachmann wissen. Und stellen Sie sich vor, dass Sie der Leser sind, der diesen Text zum ersten Mal sieht. Das geht schlecht, wenn Sie am Bildschirm lesen, wo Sie gerade geschrieben haben. Drucken Sie den Text aus und lesen Sie ihn in einer anderen Umgebung. Hilfreich ist auch, zwischen Schreiben und Testlesen eine Pause zu machen. Wenn Sie sich den Text laut vorlesen, merken Sie schnell, ob Sie über Formulierungen oder Satzbauten stolpern. Das lohnt sich, auch wenn es Mühe macht.

Aber vor dieser Arbeit kommt das Vergnügen.

Jetzt kann es losgehen: Viel Spaß beim Schreiben!

Literaturtipps

Ich wollte Sie nicht unterbrechen mit Quellenangaben und Fußnoten. Deshalb habe ich bewusst darauf verzichtet, andere Bücher zu zitieren. Mit falschen Lorbeeren will ich mich aber nicht schmücken. Nicht alles, was ich Ihnen empfohlen habe, habe ich mir ausgedacht. Ich habe von anderen Menschen gelernt, wie man gute Texte schreibt: in Seminaren, während meiner Ausbildung – und durch hilfreiche Ratschläge von Autoren, die wissen, wie man gut schreibt.

Aus guter Erfahrung kann ich diese Ratgeber empfehlen:

- Franck, Norbert: Erfolgreich schreiben, Rowohlt, Reinbek 2000.
- Schneider, Wolf: Deutsch für Profis. Wege zu gutem Stil, Goldmann, München 1999.

Gute Texte sprechen die Sprache ihrer Zeit. Aber auch von Klassikern können wir lernen. Nicht direkt Ratgeber, aber anregende Unterhaltung sind diese beiden Bücher:

- Schopenhauer, Arthur: Über Schriftstellerei und Stil. Alexander, Berlin 2003.
- Tucholsky, Kurt: Sprache ist eine Waffe. Sprachglossen. Rowohlt, Reinbek 2001.

Um Texte zu würzen, habe ich im Regal einige Nachschlagewerke stehen. Ich nenne Ihnen keine bestimmten Titel. Es gibt eine große Auswahl an Handbüchern auf dem Markt. Nützlich sind

- ein Lexikon mit Zitaten,
- ein Verzeichnis mit Sprichwörtern,
- ein etymologisches Wörterbuch, um die Herkunft von Begriffen nachzuschlagen und
- ein Wörterbuch mit Synonymen (bedeutungsähnlichen oder verwandten Begriffen).

Bildnachweis

S. 3, 125	Heinz Wildi/Baaske Cartoons
S. 15	Oswald Huber/Baaske Cartoons
S. 35	Barbara Henniger/Baaske Cartoons
S. 43, 137, 153	Klaus Puth/Baaske Cartoons